Florian Paul

Soziale Arbeit im Kapitalismus zwischen professionellem Selbstverständnis und Ökonomisierungszwang

Repolitisierung, kritisches Bewusstsein und das politische Mandat

Diplomica Verlag GmbH

Paul, Florian: Soziale Arbeit im Kapitalismus zwischen professionellem Selbstverständnis und Ökonomisierungszwang: Repolitisierung, kritisches Bewusstsein und das politische Mandat. Hamburg, Diplomica Verlag GmbH 2013

Buch-ISBN: 978-3-8428-9806-6
PDF-eBook-ISBN: 978-3-8428-4806-1
Druck/Herstellung: Diplomica® Verlag GmbH, Hamburg, 2013

Bibliografische Information der Deutschen Nationalbibliothek:
Die Deutsche Nationalbibliothek verzeichnet diese Publikation in der Deutschen Nationalbibliografie; detaillierte bibliografische Daten sind im Internet über http://dnb.d-nb.de abrufbar.

"Für Menschen überall auf der Welt, die eine Gemeinschaft anstreben, in der alle gleich und frei sind und in der sich das Potenzial der Menschen entfalten kann."

David G. Gil

"Das Entscheidende sind die Ursachen eines bestimmten Zustandes. Sonst setze ich bei den Symptomen an."

Hans A. Pestalozzi

Danksagung

Ohne folgende Personen wäre das Buch sicherlich nicht so gelungen, wie es hier erscheint.

Ich danke meiner Freundin Maximiliane für ihre Geduld mit mir während der Entstehungszeit und für ihre Unterstützung. Linn für die vielen fachlichen Diskussionen zu der Thematik und den wichtigen Impulsen, die sich daraus ergeben haben. Ihr und meiner Mutter Eva aber auch insbesondere für ihre lektorische Hilfe bei der Fertigstellung. Ebenfalls danke ich Ulrike Krämer für ihre Unterstützung und Betreuung.
Der Rosa-Luxemburg-Stiftung danke ich für ihre ideelle und finanzielle Förderung, ohne die ich nie die Zeit gehabt hätte, mich intensiv in dieser Form mit der Thematik auseinander zu setzen.

Inhaltsverzeichnis

Einleitung

Das Buch beschäftigt sich mit der Notwendigkeit eines politischen Mandats für die Soziale Arbeit. Die damit einhergehende zentrale Frage, warum ein politisches Mandat notwendig ist, ist insbesondere aus der Sicht des professionellen Selbstverständnisses aufgrund der seit längerem andauernden gesellschaftlichen Entwicklungen relevant. Für mich kommt hinzu, dass ich mich seit meinem zweiten Semester des Studiums auch mit kritischer Sozialer Arbeit beschäftige und dieser Bereich der Sozialen Arbeit in der Lehre kaum vorkommt, obwohl er für die Praxis, als auch für die Theorie, mindestens Anstöße - im Hinblick auf die gesellschaftlichen Veränderungen - liefern könnte. Hinzukommt, dass ein politisches Mandat auch dazu führen kann, sich gegen Vorwürfe von Befürwortern/innen dieser gesellschaftlichen Veränderungsprozesse, eindeutiger zur Wehr zu setzen, denn Soziale Arbeit sei als Anwalt sozialer Gerechtigkeit, so zumindest der Vorwurf neoliberaler Ideologen und ihrer Lobbyverbände, "in ihren verständigungsorientierten Hilfsangeboten weich, ineffektiv und unterlaufe ihren gesellschaftlichen Auftrag" (Thiersch 2002, S. 5).

Jenen gesellschaftlichen Auftrag, der ihr von einer immer weniger sozial-marktwirtschaftlichen, sondern vielmehr kapitalistischen Gesellschaft zugestanden wird, obwohl ihr Auftrag eigentlich ein anderer wäre. Wie diese gesellschaftliche Funktion eigentlich aussieht bzw. aussehen müsste, soll daher auch im Laufe dieser Untersuchung näher untersucht werden. Für Karin Bock et al. (2004) ist die bis heute andauernde Entwicklung der deutschen Gesellschaft gekennzeichnet von Deregulierung, Privatisierung und Ökonomisierung und sie konstatiert: "Der liberale Wohlfahrtsstaat verliert seinen humanen Anstrich, von dem nicht wenige schon immer behaupten, er sei von Beginn an nur die getönte Fassade des bürgerlichen Industriekapitalismus gewesen" (ebd., S. 9).

Wolfgang Schröer[1] (2004) spricht in diesem Kontext vom "digitalen Kapitalismus" (ebd., S. 101) und meint damit speziell, dass "'soziale 'Teilhabe' zu einem Begriff [wird], der nicht mehr das Öffnen von sozialen und politischen Gestaltungs- und Chancenräumen bezeichnet, in denen die verwehrte Partizipation als sozial bedingt erfahren werden kann - sondern soziale 'Teilhabe' wird zu einem Begriff, der die lokale und privatisierte Aktivierung der Menschen in die Richtung einer arbeitweltbezogenen Mobilisierung und Flexibilisierung des Humankapitals und bürgerschaftlichen Regulierung des sozialen Nahraums steuern soll" (ebd., S.111). Er geht damit auf eine grundsätzliche Veränderung ein, nämlich der neoliberal geprägten Uminterpretation ursprünglich zentraler Begriffe der Sozialen

[1] Professor am Institut für Sozial- und Organisationspädagogik der Universität Hildesheim.

Arbeit. Er bezeichnet dies in seinem Aufsatz als "Americanization auf European welfare politics" (ebd.) und meint damit schlicht, dass die "Zahl derer zunimmt, die noch nicht einmal als Verlierer gelten, sondern gar nicht erst mitspielen können" (Neckel/Körber 1997, S. 318, zitiert nach ebd.).

Neben Schröer weist auch Mechthild Seithe[2] (2012c) auf einen alarmierenden Aspekt hin: "Mit der Sprache und Denkweise der Betriebswirtschaft hält auch deren vereinfachende Vorstellung vom Gegenstand Sozialer Arbeit Einzug in die Soziale Arbeit selber und scheint sich dort durchzusetzen" (ebd., S. 23). Ohne bereits hier konkret auf die Richtigkeit dieser Feststellungen einzugehen, ist Mechthild Seithe eine der Vorreiterinnen der "neuen kritischen Sozialen Arbeit", wie ich sie bezeichnen möchte, die sich auch in der Tradition der kritischen Sozialen Arbeit der 70er und 80er Jahre versteht, zumindest geht dies aus ihren Überlegungen und Erklärungen hervor, auf die sich in dieser Untersuchung bezogen wird. Obwohl über Jahrzehnte vergessen und wenig beachtet, gibt es mittlerweile auch in Deutschland wieder "Arbeitskreise kritischer Sozialer Arbeit" (Seithe et al. 2012b, S. 9), die sich dem eingangs erwähnten neoliberalen Diktat über die Funktion Sozialer Arbeit entgegen stellen wollen.

Hans Thiersch hat 2002 in seinem Buch "Positionsbestimmung der Sozialen Arbeit" festgestellt, dass Soziale Arbeit zwar einerseits durchaus sehr produktiv in ihren Arbeitsfeldern agiert, sich aber dennoch in einer widersprüchlichen Situation befindet, weil sie anderseits auch intensiven Anfeindungen aus der Politik ausgesetzt ist (ebd., S. 5). Diese widersprüchliche Situation ist meines Erachtens auch heute nach wie vor existent. Weiter beschreibt er die "gesellschaftlich, politische Großwetterlage der Konkurrenzgesellschaft als bestimmt durch den Primat ökonomischer Zwänge, konkretisiert in der zunehmenden Dominanz betriebswirtschaftlich bestimmter Auflagen zu Effektivität und Effizienz"(ebd.), wobei Konkurrenzgesellschaft für ihn bestimmt ist von der rücksichtlosen Durchsetzung subjektiver Einzelinteressen gegenüber und auf Kosten des Sozialen in Deutschland (ebd., S. 18).

Im Juni 2011 fand in Berlin die Fachtagung "aufstehen - widersprechen - einmischen" (Seithe et al. 2012b) statt. Unter der Überschrift "Die Zeit des geduldigen Hoffens ist vorbei" (ebd., S. 7) wird festgestellt, dass "die Zeit des Hoffens, dass der Staat des 21. Jahrhunderts die zentrale gesellschaftliche Bedeutung von Bildung, Erziehung und Sozialer Arbeit ohne 'Wenn und Aber' anerkennt und das Engagement von Professionellen und

---

[2] Zuletzt Professorin am Fachbereich Sozialwesen der Hochschule Jena, mittlerweile emeritiert.

anderen im Sozialen Bereich Tätigen wertschätzt und leistungsgerecht honoriert"(ebd.), vorbei sei.

Auch Hans Thiersch war dort einer der Redner und kommt zu dem gleichen Ergebnis wie 2002, nämlich, dass sich die aktuelle Lage der Sozialen Arbeit immer noch als widersprüchlich darstellen lässt (ebd., S 53). Er beschreibt in seinem Redebeitrag, dass hinter einer "eindrucksvollen und sehr stattlichen Fassade" (ebd.) eine "zerklüftete und bedrohliche Landschaft" liege und meint damit nicht nur die Lage der Sozialen Arbeit in Deutschland, sondern auch die insgesamte Schieflage in der Gesellschaft (ebd.). Gegen Ende seiner Rede weist er noch auf zwei mögliche, grundsätzlich verschiedene Formen von Sozialer Arbeit hin und bezieht sich damit auf eine Unterscheidung von Michael Galuske[3]: Eine Form, die "subjekt- und lebensweltorientiert in der Realisierungschance von Humanität und Demokratie" (ebd., S. 67) charakterisiert werden kann und eine, die "als systembestimmte den herrschenden Kapitalzwängen unterliegt" (ebd.) Dabei sind dies für Thiersch zwei absolut verschiedene "Grundorientierungen", deren Kampf untereinander bisher noch zu keinem eindeutigen Sieger geführt hat (ebd.). "Unser Selbstbewusstsein und das Fundament unseres Engagements, unser Stolz, muss darin liegen, dass wir uns in diesem Kampf auf dem Weg der Geschichte der Anerkennungen sehen, der zur konkreten Utopie einer sozialeren und wirklich demokratischen Gesellschaft führen kann" (ebd.).

Thierschs' Plädoyer ist damit ziemlich eindeutig und deckt sich mit den Inhalten der verabschiedeten Resolution[4] der Fachtagung (ebd., S. 133ff), in der es unter anderem heißt, dass das "neosoziale[5] Menschenbild , das auch unsere Profession [die Soziale Arbeit, Anm. d. Verf.] mehr und mehr prägt, die Umsetzung einer nachhaltigen und qualitativen Sozialen Arbeit [unterwandert]" (ebd.). Rainer Treptow (2001) hält in seinem Buch "Kultur und Soziale Arbeit" fest, dass für die Soziale Arbeit eigentlich dieses neosoziale Menschenbild und das damit einhergehende Effizienzdiktat der freien Märkte nicht gelten sollte, ganz im Gegenteil (ebd., S. 37): Aufgrund ethischer und professioneller Überlegungen muss Soziale Arbeit zu solchen Vorstellungen auch auf Abstand gehen können (ebd.).

Darum soll es in diesem Buch gehen. Welche Perspektiven hat die Profession Soziale Arbeit im Kapitalismus angesichts der Zustände der Gesellschaft und ihrer eigenen Verortung? Wie kann sie nachhaltig und qualitativ in Ausbildung und Praxis agieren? Warum

---

[3] Bis zu seinem Tod Professor am Fachbereich Sozialwesen der Universität Kassel.
[4] Die "Berliner Resolution" findet sich nicht nur in der Dokumentation der Fachtagung (Seithe et al. 2012b), sondern kann auch unter http://einmischen.info/joomla2.5/index.php/resolution nachgelesen werden.
[5] Der Begriff "neosozial" steht für den Umbau des Sozialstaates, beginnend mit der Ära Schröder bzw. der Rot/Grünen Bundesregierung.

braucht sie ein politisches Mandat? Die Frage "Ist Soziale Arbeit eine Profession oder handelt es sich lediglich um einen anspruchsvollen Beruf?" (Seithe 2012a, S. 47) erscheint dabei mittlerweile als geklärt und kann mit "Soziale Arbeit ist eine Profession" beantwortet werden, auch wenn sie nach dem "berufsstrukturellen Modell dies eher nicht ist" (ebd., S: 53), weil sie kaum hohe gesellschaftliche Anerkennung genießt und erst recht keine angemessene Honorierung erfolgt (ebd.). Die Darstellung der Merkmale einer Profession oder gar die Diskussion dazu, würde den Umfang dieser Untersuchung auch bei weitem übersteigen.[6] Auch die zitierten Autoren/innen sprechen von einer Profession, niemand von diesen stellt dies in Abrede. Die Diskussion zu der Frage der Profession kann jedenfalls nicht hier geführt werden. Seithe stellt beispielsweise dazu fest: "Diese Professionalitätsmerkmale[7], sind also in der Sozialen Arbeit sehr wohl und auch vollständig vorhanden. Nach diesem Verständnis handelt es sich bei der Sozialen Arbeit um eine Profession" (ebd., S. 55). Die sich anschließende Frage "aber wird ihr von den politischen Organisationen, in deren Auftrag sie arbeitet, die notwendige Autonomie auch zugestanden?" (ebd.) ist hingegen vermutlich noch lange nicht geklärt.

Dabei ist die Diskussion um die Frage nach einem politischen Mandat und der damit einhergehenden Forderung nach kritischer Sozialer Arbeit zwar nicht neu (Hollstein 1973, Khella 1983, Merten 2001, Lallinger et al. 2007), aber bisher leider auch - zumindest in den Augen der meisten Sozialarbeiter/innen - immer relativ abstrakt geführt worden. Darunter ist zu verstehen, dass die Diskussion meist auf der theoretischen Ebene blieb, begründet aus einem radikalen, marxistischen Verständnis heraus und weniger aufgrund des Gegenstands und der gesellschaftlichen Funktion Sozialer Arbeit. Ich möchte in dieser Untersuchung in einem Teilaspekt daher auch darauf eingehen, wie eine solche kritische Soziale Arbeit praktisch aussehen könnte und werde mich dabei neben dem Werk von Seithe (2012a) auch auf das weniger beachtete von David G. Gil[8] (2006) beziehen. Die breit und durchaus kontrovers geführte Diskussion der letzten Jahre, wenn nicht Jahrzehnte[9], sollte nun endlich als Chance begriffen werden, das politische Mandat der Sozialen Arbeit

---

[6] Verwiesen sei hierzu u.a. auf Dewe/Otto 2005 und Hanses 2007.

[7] Eine ausführliche Darstellung findet sich bei Seithe 2012a, S. 47 - 55.

[8] Gil ist emeritierter Professor für " Social Policy" der Brandeis University in Massachusetts. Er wurde 2008 mit dem "Noam Chomsky Award of the Justice Studies Association" ausgezeichnet. (http://heller.brandeis.edu/facultyguide/person.html?emplid=31504f5b81cfcaa790e1838614cc507ae9c2241d [zuletzt aufgerufen am 04.08.2012). Als Kind jüdischer Eltern musste er 1938 aus Österreich nach Schweden und im Anschluss nach Palästina emigrieren, wo er anfangs in einem Kibbuz lebte. Diese Erfahrungen prägten Gils gesamte wissenschaftliche Laufbahn (Gil 2009, S. 73f).

[9] Ein Überblick findet sich unter anderem bei Treptow 2001, S. 42ff oder ausführlicher u.a. im Sammelband MERTEN, Roland (Hrsg.): *Hat die Soziale Arbeit ein politisches Mandat? Positionen zu einem strittigen Thema.* Opladen: Leske und Budrich, 2001.

praktisch mit Leben zu füllen. Dies kann auch keine Institution der Sozialen Arbeit übernehmen, gefragt ist jeder Sozialarbeiter und jede Sozialarbeiterin persönlich als Fachkraft in ihrem/seinem Arbeitsfeld. "Die neuerliche Spaltung der Gesellschaft in die Leistungsfähigen und die Ausgeschlossenen kann die Spaltung auch in der Sozialen Arbeit vertiefen. Es gilt dieser Trennung [...] zu widerstehen, also einer Spaltung in eine komfortable und eine weniger komfortable Arbeit entgegenzuwirken" (Thiersch 2002, S. 28).

Zunächst soll es in der vorliegenden Arbeit daher um das Verständnis von "Mandat" und "politisch" im Kontext von Sozialer Arbeit gehen. Nachdem es so viele Auffassungen des Begriffs "politisch" wie Menschen gibt und auch "Mandat" nicht zwangsweise selbsterklärend ist, ist diese grundsätzliche Klärung notwendig (Kapitel 1). Im weiteren Verlauf wird der Frage nachgegangen, was unter Gegenstand und gesellschaftlicher Funktion von Sozialer Arbeit zu verstehen ist (Kapitel 2), um in der Folge näher auf die konkreten Inhalte eingehen zu können (Kapitel 3). Daraus resultierend wird eine politische Funktion herausgearbeitet sowie die Notwendigkeit eines politischen Mandats dargestellt und anhand dreier großer Widersprüche zwischen zugedachter Funktion im Kapitalismus und gesellschaftlicher Funktion und Gegenstand Sozialer Arbeit nach ihrem professionellen Selbstverständnis konkretisiert: dem Ökonomisierungszwang, der zugedachten sozialen Kontrollfunktion und dem sozialen Ausschluss von Menschen über Maßnahmen der Sozialpolitik im aktivierenden Sozialstaat. (Kapitel 4). Diese Ausführungen werden aufzeigen, dass das klassische (oder "selbstverständlichere") Verständnis der Mandatierung Sozialer Arbeit zur Problemlösung nicht mehr ausreichend ist. Abschießend will ich nicht nur theoretische Perspektiven beschreiben, sondern auch darstellen, wie kritische Soziale Arbeit in der Praxis und Ausbildung aussehen könnte, damit das politische Mandat der Sozialen Arbeit nicht nur theoretisch und damit abstrakt bleibt, sondern auch in den Arbeitsfeldern der Praxis individuell von Sozialarbeitern/innen umgesetzt werden könnte (Kapitel 5). In einem Resümee werden die dargestellten Sachverhalte abschließend reflektiert (Kapitel 6).

1. Das Verständnis von "Mandat" und "politisch" im Kontext von Sozialer Arbeit

Zunächst muss dargestellt werden, was unter diesen Begriffen im Kontext dieser Untersuchung zu verstehen ist, da eine unterschiedliche Auslegung und Interpretation unter Umständen nicht von der Hand zu weisen ist. Mir geht es dabei nicht unbedingt darum, mich an der Debatte zu beteiligen, ***ob*** Soziale Arbeit ein politisches Mandat haben könnte bzw. sollte, sondern vielmehr ***warum*** es notwendig ist und ***wie*** dieses konkret aussehen könnte. Im Folgenden soll daher unter anderem auch dargestellt werden, warum die Vorstellung, Soziale Arbeit hätte kein doppeltes oder sogar Tripelmandat, weil dieses konstruiert sei (Lutz 2011, S. 9), zwar vielleicht wünschenswert, aber in dieser Radikalität jedenfalls nicht haltbar ist.

1.1 Das Verständnis von "Mandat", Annährung an die Begrifflichkeit

Unter Mandat wird laut Duden[10] grundsätzlich ein "Auftrag bzw. eine Vollmacht" bzw. insbesondere im rechtlichen Kontext "eine juristische Vertretung bei einer bestimmten Angelegenheit" verstanden. Auch die lateinische Herkunft von "Mandat" weist dort auf die Übersetzung als "Auftrag" oder "Weisung" hin. Schneider (2001) stellt aber auch klar, dass "der Begriff des Mandats kein originär staatsrechtlicher [ist]" (ebd., S. 29), sondern ursprünglich auf Vertragsformen des römischen Rechts zurück geht (ebd.). Insofern ist es keinesfalls so zu verstehen, dass ein Mandat ausschließlich vom Staat erteilt wird bzw. ein/e Dritte/r als Auftraggeber/in zwingend notwendig ist, auch wenn dies dem gängigen Verständnis von Mandat entspricht.

1.1.1 Das gängige Verständnis von Mandat

Das Wort "Mandat" kennt man vor allem aus der Politik. Abgeordnete eines Parlaments, die auch als Mandatsträger/innen[11] bezeichnet werden, erhalten ihr Mandat, also ihren Auftrag, von den Wählerinnen und Wählern, die für dieses Parlament wahlberechtigt sind. Diese Abgeordneten sind laut Grundgesetz der Bundesrepublik Deutschland aber einzig ihrem Gewissen verpflichtet und damit gegenüber weiteren Institutionen unabhängig, dies wird als "freies Mandat"[12] bezeichnet. "Die Abgeordneten des Deutschen Bundestages werden in allgemeiner, unmittelbarer, freier, gleicher und geheimer Wahl gewählt. Sie sind Vertreter/innen des ganzen Volkes, an Aufträge und Weisungen nicht gebunden und nur ihrem Gewissen unterworfen (GG Art. 38, Absatz 1). Die wesentlichen Unterschiede

---

[10] http://www.duden.de/rechtschreibung/Mandat [zuletzt aufgerufen am 21.07.2012].
[11] http://www.duden.de/rechtschreibung/Mandatstraeger [zuletzt aufgerufen am 26.07.2012].
[12] http://www.bundestag.de/service/glossar/M/mandat.html [zuletzt aufgerufen am 30.07.2012].

zu einem Mandat in der Sozialen Arbeit, in Abgrenzung zum gängigen Verständnis von Mandat und Mandatsträger/in, sind damit klar:

1. Die Soziale Arbeit bzw. Sozialarbeiter/innen erhalten ihre Mandatierung nicht mittels allgemeiner, unmittelbarer, freier, gleicher und geheimer Wahl.
2. Sie scheinen auch nicht einen so umfassenden Auftrag inne zu haben wie Mandatsträger/innen in Parlamenten, nämlich das ganze Volk zu vertreten.
3. Sie sind in ihren Entscheidungen, völlig anders als Mandatsträger/innen in Parlamenten, nicht nur ihrem Gewissen unterworfen, sondern insbesondere den Vorstellungen und Leitlinien der unterschiedlichen Träger und den Vorstellungen ihrer Klienten/innen.

Es stellt sich daher die Frage, ob nicht eine andere Bezeichnung als Mandat besser und ehrlicher wäre, wenn sich der Aufgabenbereich von Sozialarbeitern/innen derart eklatant von einem klassischen Abgeordnetenmandat unterscheidet. Aber auch wenn die Unterschiede offensichtlich sind, ist Mandat doch der passende Begriff. Wie bereits angesprochen, ist der Begriff "Mandat" erstens nicht zwangsläufig an Wahlen bzw. staatliche Vergabe gekoppelt, zweitens ist der Auftrag Sozialer Arbeit durchaus umfassender, als man bzw. frau im ersten Moment vielleicht annimmt[13] und drittens mögen die Vorstellungen und Leitlinien der Träger in deren Augen zwar relevant sein, für den/die einzelne/n Sozialarbeiter/in sollte aber dennoch ein professionelles Selbstverständnis, der Berufsethos, über diesen hundertfach unterschiedlichen Vorstellungen eines/r Arbeitgebers/in stehen. Damit sind Soziarbeiter/innen natürlich noch keine gewählten Abgeordneten, aber "Mandat" scheint dennoch der passende Begriff zu sein, da man immer im Auftrag handelt, und wenn es sich dabei um ein übergeordnetes Selbstverständnis handelt.

1.1.2 Das doppelte Mandat

Für die Doppelfunktion, einerseits dem Träger und andererseits den Klienten/innen gegenüber verpflichtet zu sein, hat sich bereits 1973 der Begriff des doppelten Mandats etabliert, der von Böhnisch und Lösch (1973) geprägt wurde (von Spiegel 2008, S. 37) und für diese ein "zentrales Strukturmerkmal der Sozialen Arbeit" (ebd.) darstellt. Fachkräfte der Sozialen Arbeit sind demnach angehalten, "ein stets gefährdetes Gleichgewicht zwischen den Rechtsansprüchen, Bedürfnissen und Interessen der Klienten einerseits und den jeweils verfolgten sozialen Kontrollinteressen seitens öffentlicher Steuerungsagenturen andererseits aufrecht zu erhalten" (Böhnisch/Lösch 1998, S. 368; zitiert nach ebd.). Nach

[13] Dies wird im weiteren Verlauf des Buches, in den folgenden Kapiteln, noch dargestellt werden.

diesem Verständnis erhält Soziale Arbeit bzw. jede/r einzelne Sozialarbeiter/in ihren/seinen Auftrag einerseits durch die Klienten/innen und ihre Vorstellungen und andererseits durch öffentliche Steuerungsagenturen, beispielsweise Ämter und Behörden wie Jugendamt, Arbeitsamt oder auch Gerichte, also letztendlich durch den Staat und in einer Demokratie damit zumindest indirekt von der (Mehrheits)Gesellschaft.

Dabei kritisiert Staub-Bernasconi (2007b), dass es "in einer sehr *engen Auslegung* des doppelten Mandates [genügt], die gesellschaftlichen Normen, Gesetze sowie methodischen Verfahren zu kennen und - einer Subsumtionslogik gehorchend - die sozial abweichenden Tatbestände bestimmten Gesetzen, Verfahren, Vorschriften, Fallsteuerungskontingenten zuzuordnen" (ebd., S. 6). Das bedeutet, dass zum Nachteil der Klienten/innen ein klares Ungleichgewicht zu Gunsten des Trägers vorhanden ist. Wären der Mandatierung der Sozialen Arbeit tatsächlich so enge Grenzen gesetzt, wäre es gar nicht notwendig, über ein politisches Mandat zu sprechen, da die Profession auf die Funktion einer ordnungspolitischen Instanz beschränkt wäre. Dass dies aber nicht so ist, soll im weiteren Verlauf der Arbeit ebenfalls dargestellt werden.

Es muss in diesem Kontext noch erwähnt werden, dass nicht alle Klienten/innen von sich aus und freiwillig der Sozialen Arbeit einen Auftrag erteilen. In diversen Arbeitsfeldern stehen diese unter dem Zwang, Maßnahmen über sich ergehen zu lassen, da anderenfalls Sanktionen drohen. Hier von einem Auftrag von Seiten der Klienten/innen zu sprechen, wie dies bei vielen freiwilligen Angeboten der Fall ist, wäre geradezu unverschämt. Die Schwierigkeit dabei ist insbesondere der Vertrauensaufbau als notwendige Grundlage für eine erfolgreiche Arbeit, ohne dies hier abschließend darstellen und diskutieren zu können. Inwieweit dort Misstrauen abgebaut werden und eine tatsächliche vertrauensvolle Beziehung entstehen kann, ist auch nicht Gegenstand dieser Untersuchung. Der Wille, mit Klienten/innen trotz dieses Widerspruchs vertrauensvoll zusammen zu arbeiten, scheint bei vielen Sozialarbeitern/innen aber dennoch sehr präsent zu sein (Arnold 2009, S. 119), allerdings findet sich zumindest bei Arnold keine schnelle Antwort auf die Frage, wie dieser Zustand erreicht werden kann. Präsenter ist der Hinweis auf eine kontroverse Diskussion dazu: "Dort, wo fehlende Freiwilligkeit der Angebotsnahme durch die Adressaten und der Kontrollaspekt der Sozialen Arbeit wesentliche Merkmale darstellen, wird die Frage nach Vertrauen der Klienten gestellt und kontrovers diskutiert" (ebd.).

Unter Umständen kann ein drittes und in der Folge politisches Mandat aber auch hier mit dazu beitragen, schneller Vertrauen in diesen Zusammenhängen aufzubauen, da ein solches Mandat insbesondere auch gesellschaftliche Ursachen in den Blick nimmt und

Schuld nicht zwangsläufig und ausschließlich bei Individuen verortet, so wie dies im aktuell stattfindenden gesellschaftlichen Veränderungsprozess fast schon Normalität geworden ist.

1.1.3 Das professionelle Tripelmandat

Neben der dargestellten engen Auslegung des doppelten Mandats, gibt es für Staub-Bernasconi auch noch eine komplexere, eine "*breitere Auslegung*" (ebd.), die zwar eher einen mediativen Charakter aufweist, aber ebenfalls durch ein grundsätzliches Machtgefälle "zu Gunsten des Trägers ausfällt" (ebd.) und damit auch noch oft gegen die Interessen der Klienten/innen gerichtet ist (ebd.). Für sie kann dies zwar die Charakteristik eines sozialen Berufs sein, aber Soziale Arbeit als Profession verfügt über ein drittes Mandat und somit insgesamt über ein Tripelmandat (ebd.). Dieses dritte Mandat ist nach Staub-Bernasconi durch zwei Komponenten gekennzeichnet (ebd., S. 7):

- spezielle zu Grunde liegende ***Methoden*** und damit auch ***Handlungstheorien***, die soziale Probleme lindern oder ihnen vorbeugen können;
- einen ***Ethikkodex***, den sich die Profession unabhängig von dem Einfluss Dritter selbst gibt und dessen Einhaltung sie auch selbst kontrolliert bzw. kontrollieren sollte.[14] Dieser Ethikkodex beschreibt, nach welchen ethischen Grundsätzen Problemdefinitionen und Veränderungsprozesse bei den Klienten/innen als auch den Trägern beurteilt werden müssen (ebd.).

Nach Staub-Bernasconi (2010) wird eine Profession durch dieses dritte Mandat verpflichtet, gesellschaftliche als auch klientele Verhältnisse kritisch zu betrachten (ebd., S. 52) und verschafft der Sozialen Arbeit dadurch "nicht nur eine eigene, allgemeine Legitimations- und Mandatsbasis, sondern auch die Basis für unabhängige, wissenschaftlich begründete, kritische Urteile über Situationen und Probleme [...] und damit für relativ eigenbestimmte Aufträge" (ebd.). Dies dient als notwendige Grundlage, um sich kritisch mit den Zumutungen in einer Gesellschaft und den dort teilweise menschenverachtenden Machtstrukturen und Steuerungsagenturen auseinander setzen zu können (ebd.). Auch Ruth Großmaß (2005) weist darauf hin, dass dieser Ethikkodex "das für eine eigenständige Fachlichkeit notwendige 'Dritte' zwischen Sozialstaatsbezug und KlientInnenzentrierung [liefert]"(ebd., S. 21).

[14] Hier sei u.a. auf den "International Code of Ethics" verwiesen, der 1994 auf der Generalversammlung der International Federation of Social Work (IFSW) beschlossen wurde. Eine Auslegung dazu findet sich bei Keller (2010, S. 75ff), der Wortlaut unter http://ifsw.org/policies/statement-of-ethical-principles/ [zuletzt aufgerufen am 22.07.2012].

Dieses dritte Mandat ist ein wesentlicher Teil des "politischen Mandats", weil es einen ethischen Maßstab in das professionelle Selbstverständnis einführt. Dabei gilt festzuhalten, dass Sozialer Arbeit als Profession dieses Mandat nicht erst zugestanden oder ihr ein externer Auftrag dafür erteilt werden muss, sondern sie gibt sich diesen Auftrag selbst. Dies wird aber auch von Autoren/innen in Frage gestellt, wenngleich die Begründung für die Kritik mindestens fragwürdig erscheint, wie im Folgenden dargestellt werden soll.

1.1.4 Die Kritik am doppelten und Tripelmandat

Roland Lutz (2009) dürfte der mit bekannteste Kritiker dieses beschriebenen doppelten bzw. Tripelmandats sein und seine Meinung soll daher exemplarisch dargestellt werden. Er kritisiert insbesondere das doppelte Mandat als Konstruktion, die grundsätzlich nur dann existieren könnte, wenn "mit der Hilfe [Im Kontext des Hilfe/Kontrolle Dilemmas; Anm. d. Verf.] ein unhintergehbarer Zwang zur Anpassung verknüpft würde, dem Mann oder Frau sich in keiner Weise entziehen kann" (Lutz 2009, S. 15). Im Umkehrschluss bejaht er damit, dass professionelle Sozialarbeiter/innen jederzeit die im doppelten Mandat geforderte Verpflichtung auch gegenüber den "öffentlichen Steuerungsagenturen" hintergehen können und keine Kontrolle bzw. Anpassung von Klienten/innen durchführen müssen, wenn dies nicht gewollt sei.

So sehr diese indirekte Aufforderung zur ausschließlichen Verpflichtung gegenüber den Klienten/innen begrüßt werden kann, so sehr ist diese Einschätzung, insbesondere für die Praxis, auf die Lutz wiederkehrend verweist, mindestens fragwürdig. Dieses Dilemma ist sehr real und mitnichten einzig dafür da, "Ausreden zu finden, warum Dinge nicht so laufen, wie sie es sollten: die gesellschaftlichen Bedingungen, das fehlende Geld, die unzureichende Struktur, die schlechte Ausstattung oder die Lebenslagen der Menschen gaben es nicht her" (ebd., S.17). Seithe (2012a) stellt das doppelte Mandat nicht in Frage (ebd., S. 78ff) und auch Staub-Bernasconi (1995) beschreibt dieses sehr anschaulich und fasst zusammen, dass sich Dilemmata "vornehmlich auf den Hauptdimensionen Kontrolle, gesellschaftliche Integration versus Hilfe zur Emanzipation aus behindernden Machtverhältnissen, zur Unabhängigkeit von professioneller wie wirtschaftlicher Unterstützung und damit hin zu autonomer Lebensführung" (ebd., S. 103) bewegen.

Lutz führt auch aus, dass die im Zusammenhang mit dem doppelten Mandat immer wieder kritisierte Anpassung von Klienten/innen für ihn eine unzulässige Zuspitzung von "Normalisierungsarbeit" (ebd.) und lediglich und vereinfacht als zwei Pole von Interventionsmöglichkeiten zu verstehen sei (ebd.). Das doppelte Mandat ist für Lutz, wie schon kurz erwähnt, lediglich eine "Konstruktion, die sich als ein eigentlich unproduktives

Denkmuster erweist, das nichts erklärt, möglicherweise Handlungen unnötig erschwert und immer wieder zu einem eher schlechten Gewissen der Helfer führen kann, die nicht wirklich wissen, ob sie denn Unterstützer oder Kontrolleure sind" (ebd., S. 16). In der Folge gibt es für ihn nur ein Mandat der Sozialen Arbeit in ihrer Praxis, nämlich Menschen dabei zu unterstützen, ihre eigenen Kräfte wieder zu erlangen, die sie zeitlich begrenzt oder für einen längeren Zeitraum verloren hatten. Gemeint sind dabei Kräfte, die notwendig sind für die Selbstverwirklichung, die Einrichtung in der Umwelt, die Findung der eigenen Identität oder auch dem Erlangen von Wohlbefinden (ebd.).

Lutz reiht sich damit - zumindest bezüglich der Kritik am doppelten Mandat und seiner Darstellung der Konstruktion - in die Reihe der Personen, Politiker/innen und Kollegen/innen ein, die der Ansicht sind, Soziale Arbeit könne unter allen Bedingungen erfolgreiche Arbeit im Sinne ihrer Klienten/innen leisten, in diesem Fall mittels Ermächtigung. Es soll hier keinesfalls gegen die Idee der Ermächtigung von Menschen argumentiert werden, insbesondere nicht gegen ein Verständnis von Ermächtigung nach Paolo Freire oder anderen Befreiungspädagogen/innen, aber ganz klar der Vorstellung eine Absage erteilt werden, dies sei durch die Soziale Arbeit ohne ein politisches Mandat einfach so ohne weiteres möglich. Auch Lutz ist eigentlich ein überzeugter Anhänger dieser Befreiungspädagogik (Lutz 2005), aber der Versuch, diese mittels der Dekonstruktion des doppelten Mandats zu begründen, erscheint erstens nicht zielführend und zweitens noch weniger schlüssig, im Gegensatz zu Staub-Bernasconis Ergänzung eines dritten Mandats. Insbesondere im letzten Kapitel werde ich darauf eingehen, dass praktische, kritische Soziale Arbeit - als ein Teil des politischen Mandats - insbesondere auch auf die Ermächtigung von Menschen abzielt, dies aber als ***Folge und Eingeständnis*** real existierender Widersprüchlichkeiten (u.a. Staub-Bernasconi 1995, S. 103f) und ***nicht stattdessen.***

Zusammengefasst gibt sich die Profession Soziale Arbeit neben dem doppelten Mandat das dritte Mandat selbst und sollte sich diesem auch verpflichtet fühlen. Im Folgenden will ich aber auch noch darstellen, warum ein "politisches Mandat", in dem das dargestellte dritte Mandat nach Staub-Bernasconi aufgrund seiner ethischen Dimension auch Bestandteil ist, noch weitere Dimensionen besitzt und zudem zentrale Bedeutung erlangen sollte.

1.2 Das Verständnis von "politisch", Annährung an die Begrifflichkeit

Der Begriff "politisch" wird als ein "mehrdeutiger Begriff" (Baum 2004., S. 11) bzw. "uneindeutig" (Sorg 2001, S. 42) beschrieben. Einerseits hat er eine institutionelle Bedeutung. Darunter ist vor allem die Arbeit von politischen Institutionen wie Kommunalparlamenten, dem Bundestag oder dem Europaparlament gemeint oder auch die damit verbundenen Wahlen. An diesen nehme man bzw. frau zwar in bestimmten Zyklen regelmäßig teil, könne dadurch die politischen Machtverhältnisse (in überaus bescheidenem Maße) beeinflussen, aber nicht mitbestimmen, was die (neuen) Machtträger letztendlich für eine Politik verfolgen, also was sie planen und entscheiden (Baum 2004, S. 11). Andererseits gibt es daneben noch eine zweite Bedeutung, die im Kontext von Sozialer Arbeit und der Forderung nach einem "politischen Mandat" die Relevante ist. Bei diesem Aspekt von "politisch" geht es nicht um diesen - oft negativen - institutionellen Bezug, sondern um "Werte und Zielvorstellungen, die festgelegt und befürwortet, zum Maßstab des gesellschaftlichen Lebens gemacht werden" (ebd.).

Auch Zitzmann (2011) geht - in einem etwas anderen Kontext, nämlich der politischen Bildungsarbeit - der Frage nach, was unter Politik verstanden wird (ebd., S. 127). Sie verweist dort unter anderem auf 15 Experteninterviews[15], in denen sich keiner der befragten Experten/innen für einen engen, "ausschließlich auf das politische System bezogenen Politikbegriff ausspricht" (ebd.), sondern das Gegenteil zutreffend ist. Die Definition von Politik als "rein staatsbezogenem Zusammenhang" (ebd.) wird von den Befragten explizit abgelehnt. Daneben ist Soziale Arbeit für Baumann (2004) wiederum "abhängig von Politik" (ebd., S. 12) und "selbst Teil der Politik" (ebd.):

- Einerseits sind politische Entscheidungen folgenreich für die Soziale Arbeit, sie können die Notwendigkeit einer Hilfeleistung bzw. einer Intervention auslösen, die ohne diese Entscheidung erst gar nicht eingetreten wäre;
- Andererseits können politische Entscheidungen und Zugeständnisse auch gute Bedingungen für Soziale Arbeit und insbesondere deren Ausstattung in der Praxis erst schaffen (ebd.).

"Politisch" bezieht sich also nicht nur auf die erwähnten Werte und Zielvorstellungen, sondern auch auf die Notwendigkeit politischer Einflussnahme auf Entscheidungen im Sinne Sozialer Arbeit, also "Lobbyarbeit" zu betreiben. Dies gilt aber nicht nur für eine allumfassende materielle Ausstattung, sondern vor allem dafür, dass soziale und individuelle Probleme von Klienten/innen erst gar nicht entstehen. Das zu Grunde liegende Verständnis von "politisch" im Kontext dieser Untersuchung ist somit ebenfalls verdeutlicht: Demnach wäre ein "politisches Mandat", neben den bereits dargestellten Charakteristika

---

[15] Zitzmann weist darauf hin, dass von den fünfzehn befragten Experten/innen zwölf als Professoren/innen an Universitäten oder Pädagogischen Hochschulen tätig sind oder waren und drei als "Grenzgänger zwischen Praxis und Theorie" (ebd.) bezeichnet werden können.

des dritten Mandats nach Staub-Bernasconi (***Methoden und Handlungstheorien*** sowie ***Ethikkodex***), zusätzlich insbesondere geprägt durch "***Einflussnahme auf Entscheidungen***" (Lobbyarbeit) sowie "***Werte und Zielvorstellungen***" der Sozialen Arbeit, die im Folgenden über die Frage nach dem Gegenstand und der Funktion Sozialer Arbeit konkretisiert werden sollen.

2. Gegenstand und Funktion Sozialer Arbeit

Michael Klassen (2001) weist darauf hin, dass bei der Frage bzw. Suche nach dem Gegenstand der Sozialen Arbeit angesichts der sich aus dem "komplexen Handlungsfeld Sozialer Arbeit ergebenden Probleme" (ebd., S. 72) der Begriff der "Stolpersteine" sehr zutreffend sei und verweist ferner darauf, dass auch bei Ernst Engelke (1992) diese Begrifflichkeit Verwendung finde (ebd.). Da allein die Frage, ob Soziale Arbeit einen Gegenstand, eine gesellschaftliche Funktion oder beides hat, nicht einfach zu klären ist, erscheint diese Einschätzung als durchaus treffend. Auch Staub-Bernasconi (1995) stellt fest, dass "Soziale Arbeit im Vergleich mit anderen, auch älteren Professionen, ein überdurchschnittliches Spektrum von Problematiken, Zielsetzungen, Tätigkeiten und sozialen Systemen [hat], in die sie direkt oder indirekt einbezogen ist" (ebd., S. 95). Insofern ist diese Klärung des Gegenstands und der Funktion Sozialer Arbeit für die Darstellung, warum diese ein politisches Mandat benötigt, unabdingbar.

Dabei wird ganz bewusst unter anderem auch auf Literatur älteren Datums zurück gegriffen, weil wichtige Theoretiker/innen wie z.B. Albert Mühlum, Hans Thiersch oder auch Silvia Staub-Bernasconi schon sehr früh - bereits in den 90iger Jahren- maßgebliche Überlegungen zur Fragestellung getätigt haben und diese auch heute in großen Teilen noch ihre Gültigkeit und Relevanz besitzen.

2.1 Annährung an den "Gegenstand" Sozialer Arbeit

Hiltrud von Spiegel (2008) stellt im Hinblick auf die Frage nach dem Gegenstandsbereich Sozialer Arbeit die Frage "Was ist das Spezifische und Unverwechselbare dieses Berufes, das sich in allen beruflichen Tätigkeiten wiederfindet?" (ebd, S. 23), um wenige Absätze später festzuhalten, dass sich die Gegenstandsbestimmung als schwierig herausstellt: "Die Bestimmung des Gegenstands der Sozialen Arbeit gestaltet sich schwierig, schon allein aufgrund des unscharfen Berufsprofiles" (ebd.). Dieses Dilemma ist fast schon bezeichnend für nahezu alle Versuche, eine klare, feste und dauerhaft gültige Formel für den Gegenstandsbereich[16] der Sozialen Arbeit zu finden, nicht vergleichbar mit vielen anderen etablierten wissenschaftlichen Disziplinen. Als Gegenstand der Soziologie gilt beispielsweise das Soziale und als Gegenstand der Erziehungswissenschaften die Frage nach der möglichen Bildung für Menschen (ebd.).

[16] "Als Gegenstand bezeichnet man das Erkenntnisobjekt einer wissenschaftlichen Disziplin, auf das sich alle theoretischen und praktischen Bemühungen richten. Die Gegenstandsbestimmungen etablierter wissenschaftlicher Disziplinen haben den Charakter einer Formel, sie sind gewissermaßen inhaltsleer " (Sahle 1997, Klüsche 1999, zitiert nach von Spiegel 2008, S. 23).

Auch wenn für Soziale Arbeit eine kurze und prägnante Formulierung des Gegenstandsbereichs also vieleicht nicht möglich ist - dies wird im weiteren Verlauf noch untersucht werden -, ist eine Formulierung aber dennoch notwendig. Dadurch werden zwei Funktionen erfüllt: Eine solche Formel benennt relativ eindeutig den zentralen Inhalt einer Wissenschaft auch als Abgrenzung zu anderen Wissenschaften und "vereidigt" die dort organisierten Mitglieder auf diesen zentralen Sachverhalt (ebd.).

2.1.1 Die Trennung in zentrale und periphere Bereiche

Bei der Annährung an den Gegenstand von Sozialer Arbeit fällt zunächst auf, dass die Grenzen des Gegenstands bei vielen Wissenschaften grundsätzlich nicht scharf gezogen werden. Wichtig ist, dass klar wird, welcher Inhalt zentrale Bedeutung hat (zentraler Bereich) und welcher eher dem Umfeld zugeordnet wird (peripherer Bereich), also nicht zentrale Bedeutung erlangt (von Spiegel 2008, S. 23).

Ria Puhl et al. (1996) weisen darauf hin, dass man diesem "Anstoß zur Unterscheidung in zentrale und periphere Bereiche" zwar folgen kann, es aber vor allem darauf ankommt, diese mit passenden Inhalten zu füllen. So wären nach Peter Lüssi[17] (1992), sozialkulturelle, sozialstrukturelle und sozialpolitische Aktivitäten lediglich im periphären Bereich anzusiedeln (ebd., S. 50), also beispielsweise Erwachsenenbildung (darunter politische Bildungsarbeit), Gemeinwesenarbeit oder die Tätigkeit und Unterstützung von Bürgerinitiativen. Im Zentrum hingegen stünde "die Arbeit am einzelnen Problemfall" (ebd.).

Vertreter/innen einer radikalen Gemeinwesenarbeit wie Saul Alinsky[18] würden dieser Einschätzung mit Sicherheit widersprechen, da ihr Arbeitsfeld plötzlich nicht mehr zentrale Bedeutung haben würde. Insofern ist eine derartige Unterteilung als problematisch zu beschreiben, führt diese doch schon fast zwangsweise zu einer nicht notwendigen Hierarchisierung bzw. Unterteilung in zentrale und nicht-zentrale Handlungsfelder. Dies ist vermutlich, aber zumindest bei den genannten Unterscheidungsvorschlägen, u.a. schlicht arbeitsplatzabhängig und kann damit nicht mehr allgemein verbindlich und dadurch für alle Sozialarbeiter/innen gleichermaßen verpflichtend sein. Da ein politisches Mandat aber gleichermaßen für alle Sozialarbeiter/innen Bedeutung erlangen muss, ist eine solche Trennung des Gegenstandsbereichs in zentral und peripher auch im Kontext der Fragestellung nicht zielführend, vor allem wenn gesellschaftliche Fragestellungen als weniger zentral

---

[17] Schweizer Sozialarbeiter und emeritierter Professor für Sozialarbeitstheorie.

[18] Saul Alinsky war US-amerikanischer Bürgerrechtler und gilt als Begründer des sog. "Community Organizing". Mehr unter anderem in: Saul, Alinsky: *Anleitung zum Mächtigsein.* (Deutsche Übersetzung von "Reveille for Radicals"). Göttingen: Lamuv Verlag, 2. Auflage, 1999.

gelten würden. Im Weiteren wird daher versucht, einen Gegenstandsbereich zu finden, der tatsächlich universelle Gültigkeit besitzt.

2.1.2 Probleme der Gegenstandsbestimmung

Folgt man Merten (1997), ist "die Vorstellung einer disziplinär-identitären Selbstbestimmung über eine Gegenstandsbestimmung erkenntnis- wie wissenschaftstheoretisch gleichermaßen nicht haltbar" (Merten 1997, S. 84). Auch von Spiegel (2008, S. 23) weist auf diese Überlegung hin, gleichermaßen nachvollziehbar begründet mit der offensichtlichen Interdisziplinarität der Sozialen Arbeit, also den unterschiedlichsten Bezugswissenschaften (Soziologie, Psychologie, Recht, Medizin, Pädagogik etc.), die in der Sozialen Arbeit eine wichtige Rolle spielen und der Frage, ob es eine eigenständige Sozialarbeitswissenschaft überhaupt geben kann. "Es gibt wohl kaum irgend einen Gegenstand, der nicht auch von einer anderen Disziplin bearbeitet werden könnte oder bearbeitet wird, allerdings unter einer jeweils *eigenen Fragestellung und Problemperspektive.* [...] Gleichwohl wäre es denkbar, daß die Sozialarbeit von diesen Bestimmungen insofern eine Ausnahme bildet, als ihr sehr wohl ein spezifischer Gegenstand korrespondiert und sie sich über diesen konstituiert, der von ihr und *nur von ihr* bearbeitet wird [Hervorhebungen im Original]" (Merten 1997, S. 80f). Nur gefunden werden müsse dieser noch, denn bisher scheint es lediglich verschiedene - auch nachvollziehbare - Vorschläge zu geben.

Albert Mühlum sah 1995 die Schwierigkeit bei der Bestimmung eines eigenen Gegenstandsbereiches vor allem darin, dass sich die Soziale Arbeit mit ihrem eigenen Gegenstand nicht nur von den anderen Sozialarbeitswissenschaften abgrenzen, sondern zusätzlich auch noch das breite Spektrum der Praxis Sozialer Arbeit abdecken soll. (Mühlum 1995, S. 32). Er macht aber auch deutlich, was Soziale Arbeit nicht ist bzw. besser nicht sein sollte, z.B. eine pädagogische Reduktion auf Erziehung oder gar eine Kontrollinstanz (Mühlum 1994, S. 44). "Soziale Arbeit befaßt sich mit sozialen Problemen und Problembewältigungen" (ebd.). Grundsätzlich scheint Mühlum also ein relativ breites Verständnis des Gegenstandsbereiches Sozialer Arbeit zu haben: "Von Sozialer Arbeit sprechen heißt, von Problemen zu sprechen, von der ganzen Bandbreite menschlichen Leids [...]" (Mühlum 2009, S. 11).

Puhl et al. (1996) sind der Ansicht, dass man es "als eine Art Ausweichmanöver deuten kann, wenn anstelle einer Gegenstandsbestimmung Ziele und Aufgaben [also "die Funktionen", Anm. d. Verf.] benannt und aufgelistet werden" (ebd., S. 168). Dies sieht eine Mehrheit von Autoren/innen anders, denn auf der einen Seite ist es wichtig, den Gegenstand der Sozialen Arbeit zu bestimmen, vor allem für die Eigenständigkeit als Wissenschaft und um von einer Profession sprechen zu können (Merten 1997; Dewe/Otto 2005). Auf der anderen Seite ist die Diskussion über die Funktion von Sozialer Arbeit aber insbesondere für das Selbstverständnis aller Sozialarbeiter/innen von maßgeblicher Bedeutung. Gegenstand und Funktion sind gleichermaßen bedeutsam, insbesondere im Hinblick auf eine mögliche politische Dimension und damit für ein politisches Mandat.

Daneben versucht Puhl zum "Kern Sozialer Arbeit zu gelangen" (Puhl et al 1996, S. 171 ff). Darunter finden sich dann Überlegungen wie "bei der Gegenstandsbestimmung muss Soziale Arbeit auch die sozialstaatlich ausgehandelten bzw. gesellschaftlich akzeptierten Aufgaben in den Blick nehmen" (ebd., S. 172). Gerade diese Definition des Aufgabenbereichs führt aber doch zu den großen Widersprüchen zwischen Theorie und Praxis. Ich sehe es als schwierig an, dass der Auftraggeber ein bestimmter Zeitgeist bzw. die öffentliche Meinung sein könnte (ebd.), denn damit wäre Soziale Arbeit einer absoluten Beliebigkeit bzw. zufälligen Mehrheiten unterworfen. Einen kurzen und prägnanten Kern zu finden, erscheint daher kaum möglich, insofern ist der Gegenstandsbereich von Sozialer Arbeit eher breit angelegt.

2.1.3 Die Erweiterung des Gegenstandsbereichs

Für Staub-Bernasconi (1995) ist das "allgemeinste Ziel Sozialer Arbeit [...] einerseits die Erfüllung menschlicher Bedürfnisse und damit bio-physischer, psychischer, sozialer Werte, andererseits der Aufbau oder die Erhaltung menschengerechter Sozialstrukturen dort, wo sie der Sozialen Arbeit zugänglich sind" (ebd., S. 99). Sie sieht genauso wie Mühlum Soziale Probleme und deren Lösung gleichermaßen als Gegenstand Sozialer Arbeit (ebd., S. 105) und geht in der Gegenstandsbestimmung auch von den gleichen Grunddimensionen wie beispielsweise Lüssi aus (Puhl et al, 1996, S. 181; Keller 2010, S.33). Staub-Bernasconi entwickelt diese Ansätze aber auch weiter. Dabei haben soziale Probleme für sie zwei Dimensionen: einerseits eine soziale Dimension, z.B. Arbeitslosigkeit, Isolation, Kriminalität. Andererseits kann ein Problem aber auch durch politische Mechanismen, d.h. beispielsweise illegitime Herrschaft oder ungleicher Zugang zu Ressourcen, absichtlich erzeugt werden (Staub-Bernasconi 1995, S. 105).

Im engeren Sinn ist das Problemfeld der Klienten/innen der Gegenstand Sozialer Arbeit, im weiteren Sinne reicht der Gegenstand der Sozialen Arbeit aber darüber hinaus: Es geht unter anderem um Werte und Zielsetzungen (auch um die gesellschaftliche Funktion) (ebd., S. 106 f), aber auch um Merkmale von Hilfeleistungen und um Arbeitsweisen und Methoden (ebd, S. 107 f), sowie Trägerschaftsformen (ebd., S. 110 f).

Staub-Bernasconi plädiert in letzter Konsequenz für eine Soziale Arbeit als "Menschenrechtsprofession" (u.a. Staub-Bernasconi 2003; 2007a) und damit für eine eigenständige Zielsetzung jenseits von zufälligen, lokalen und evtl. auch willkürlichen (politischen) Konstellationen bzw. Zusammensetzungen oder Mehrheitsverhältnissen. Dieser Aspekt der Menschenrechte erscheint daher auch für ein politisches Mandat von Bedeutung, da Menschenrechte auch im internationalen Kontext von Sozialer Arbeit grundlegende Relevanz erlangt haben und ein politisches Mandat daneben ja nicht nur auf eine bestimmte Nation und damit lokale gesellschaftliche Probleme abzielt.

2.1.4 Der internationale Blick und die Frage der Allzuständigkeit

Die IFSW[19] definiert den Gegenstand der Sozialen Arbeit wie folgt:

> "Die Profession Soziale Arbeit fördert sozialen Wandel, Problemlösungen in zwischenmenschlichen Beziehungen sowie die Befähigung und Befreiung von Menschen zur Verbesserung ihres Wohlbefindens. Gestützt auf wissenschaftliche Erkenntnisse über menschliches Verhalten und soziale Systeme greift Soziale Arbeit dort ein, wo Menschen und ihre Umwelt aufeinander einwirken. Grundlagen der Sozialen Arbeit sind die Prinzipien der Menschenrechte und der sozialen Gerechtigkeit".[20]

Andere Übersetzungen aus dem Englischen sprechen nicht "nur" von Grundlage, sondern sogar von "fundamentaler Bedeutung" (u.a. Staub-Bernasconi 2005, S. 85).

Es geht also nicht einzig um soziale Probleme und deren Lösungen bzw. eine Einteilung in zentrale und periphere Bereiche, sondern um ein durchaus breites Verständnis von Sozialer Arbeit. Auch wenn diese Definition der IFSW bestimmt nicht für immer "in Stein gemeißelt" sein mag, ist sie aktuell in meinen Augen die ehrlichste und treffendste, weil sie sehr breit angelegt ist, gesellschaftliche Zusammenhänge mit dem Begriff "soziale Gerechtigkeit" nicht außen vor bleiben und auch ein politisches Mandat mit auf die Frage der sozialen Gerechtigkeit abzielt. Die internationale Vereinigung der Berufsverbände für Soziale Arbeit geht in ihrer Gegenstandsbestimmung also davon aus, dass es tatsächlich keine kurze und prägnante Aussage zum Gegenstand Sozialer Arbeit zu geben scheint.

Auch Mechthild Seithe (2012a) sieht dies ähnlich wie der IFSW: "Man könnte sagen, alles, was das alltägliche Leben von Menschen hergibt, kann zum Gegenstand sozialpäda-

---

[19] Die "Internationale Vereinigung der SozialarbeiterInnen" (IFSW) repräsentiert aktuell die Berufsverbände der Sozialarbeiter/innen aus 54 verschiedenen Ländern in allen Erdteilen. (Mehr unter http://www.dbsh.de/html/ifsw.html).

[20] Molderings, Barbara: *Was ist Sozialarbeit? Übersetzung des englischen Originaltextes (IFSW Delegates Meeting Montreal 2000)*, http://www.dbsh.de/internationale.pdf [zuletzt aufgerufen am 16.07.2012].

gogischer Intervention werden" (ebd., S. 49). Dabei geht es aber auch nicht darum, jedes Problem zu einem Gegenstand der Sozialen Arbeit zu erklären. Der Begriff Allzuständigkeit meint vor allem, dass "es eine enorme und diffuse Bandbreite von Problemen gibt, die prinzipiell zum Gegenstand Sozialer Arbeit werden können" (Galuske 2011, S. 40). Probleme von Menschen sind eben oft keine individuellen Probleme, sondern müssen in Abhängigkeiten betrachtet werden. "Nur in der Zusammenschau psychologischer, pädagogischer und gesellschaftswissenschaftlicher Aspekte ihres Gegenstandes wird die Soziale Arbeit der komplexen Lebenswelt ihrer Klientel gerecht" (Seithe 2012a., S. 68).

Die Festlegung auf eine enge bzw. kurze und prägnante ***Gegenstandsformulierung*** erscheint für die Soziale Arbeit also zusammengefasst kaum möglich. Das Wesentliche dabei ist, dass mittlerweile die ***Prinzipien der Menschenrechte und der sozialen Gerechtigkeit*** als ***Grundlage*** für die Soziale Arbeit wahrgenommen werden, neben der ***Förderung von sozialem Wandel*** und der ***Lösung sozialer Probleme*** oder vielleicht wirklich einfach eine Allzuständigkeit für Menschen in Problemlagen. Im weiteren Verlauf soll dies nun auch im Hinblick auf eine gesellschaftliche Funktion näher untersucht werden.

2.2 Die gesellschaftliche Funktion Sozialer Arbeit

Bei der Funktionsbestimmung von Sozialer Arbeit sind einerseits offensichtliche Überschneidungen mit der Gegenstandsfrage nicht von der Hand zu weisen, andererseits tauchen aber auch weitergehende Aspekte auf, die besonders unter Berücksichtigung der Fragestellung dieser Untersuchung ihre Relevanz besitzen und daher im weiteren Verlauf näher erläutert werden.

Bei der Recherche nach der Frage "Welche gesellschaftliche Funktion hat bzw. sollte Soziale Arbeit haben?" fiel daneben auch auf, dass oft auf systemtheoretische Ansätze verwiesen bzw. unter Verweis auf diese Theorie eine Antwort gesucht wird. Grundsätzlich unterscheiden sich für Systemtheoretiker/innen die "Art und Weise der sozialen Partizipation der Individuen in der modernen Gesellschaft grundlegend von der klassischen soziologischen Vorstellung der Sozialintegration"(Merten 2004, S. 165).

Im Folgenden soll daher auch untersucht werden, ob diese systemtheoretischen Ansätze Antworten bei der Funktionsbestimmung der Sozialen Arbeit - insbesondere im Hinblick auf die Notwendigkeit eines politischen Mandats - liefern können.

2.2.1 Das systemtheoretische Paradigma bei der Funktionsbestimmung

Tilly Miller[21] (1999), weist insbesondere darauf hin, dass die Reaktionen auf systemtheoretische Ansätze zur Funktionsbestimmung Sozialer Arbeit, dabei speziell der Ansatz von Niklas Luhmann[22], von Zustimmung, Teilzustimmung bis Ablehnung reichen. So sieht Jürgen Habermas (1971) den Ansatz von Luhmann vor allem auf Fragen der Komplexitätsreduktion begrenzt, und es bleiben laut ihm Fragen von Herrschaft und Ungerechtigkeit ausgespart. Staub-Bernasconi (1995) teilt diese Kritik: "'Systembedürfnisse' und axiomatisch eingeführte Gleichgewichtsvorstellungen lassen die Konzeptualisierung von gesellschaftlichen Spannungen in den Hintergrund treten" (ebd., S. 113) und sie weist daneben darauf hin, dass die inneramerikanische Kritik[23] an diesem Modell, die es seit den 1960er Jahren gibt und im Wesentlichen der späteren deutschen entspricht, in Europa kaum wahrgenommen wurde (ebd.).

Frank Hillebrandt[24] (2004) meint, dass "mit der Systemtheorie der Inklusion und Exklusion Problemgesichtspunkte der Gesellschaft verkannt [werden], die gerade zur gesellschaftstheoretischen Bestimmung Sozialer Arbeit von großer Bedeutung sind" (ebd., S. 120). Jürgen Nowak[25] (2011) beschreibt die systemtheoretische Interpretation der Sozialen Arbeit sogar als eigene Realität ohne Anschluss an die Wirklichkeit und noch weniger an die politischen Entscheidungsprozesse in der deutschen Gesellschaft (ebd., S. 19), sie hätte lediglich einen Selbstzweck, der keine gesellschaftlichen Ziele verfolge (ebd.).

Somit erscheinen systemtheoretische Ansätze zur Funktionsbestimmung Sozialer Arbeit allein jedenfalls nicht zielführend und die Argumentationen unter anderem von Seiten der kritischen Gesellschaftstheoretiker/innen ist durchaus schlüssig: Systemtheoretische Ansätze bieten keine zureichenden Erklärungen strukturell verankerter (expliziter) und gelebter, als "normal" angesehener (impliziter) Machtstrukturen und sozialer Ungleichheit (Miller 1999, S. 91f).

Miller (1999) verweist zudem darauf, dass die systemtheoretischen Begriffe Exklusion/Inklusion zwar funktional angelegt sein mögen, doch keine Antworten auf wesentliche

---

[21] Professorin an der katholischen Stiftungsfachhochschule in München.
[22] Die Systemtheorie von Luhmann hier in ihrer Ausführlichkeit und Komplexität darzustellen, würde nicht nur den Umfang der Arbeit sprengen, sondern ist für die Fragestellung dieser Untersuchung auch nachrangig.
[23] Für Staub-Bernasconi ist der Amerikaner Talcot Parsons der Begründer der Systemtheorie im angelsächsischen Raum. Sie weist darauf hin, dass "mit der Rezeption von Luhmann und weiteren Funktionalisten in der Sozialen Arbeit dies keine amerikanische Spezialität" (ebd.) geblieben ist. Daher verweist sie speziell auf die Kritiken von Alinsky, Piven&Cloward, Grosser und Specht.
[24] Professor für Allgemeine Soziologie und Soziologische Theorie an der Fernuniversität in Hagen.
[25] Professor an der Alice Salomon Hochschule Berlin.

Problemkonstellationen einer Gesellschaft und damit auch keine auf mögliche Probleme von Menschen und deren Ursachen liefern (Miller 1999, S. 91):

- auf Fragen sozialer Ausgrenzung und Teilhabeprobleme von gesellschaftlichen Gruppierungen;
- auf die Frage der Geschlechterverhältnisse und damit die Teilhabe an gesellschaftlicher Positionierung und Macht;
- auf die tatsächliche Macht und Einflusskraft bestimmter Systeme;
- bezüglich der Gestaltung menschenwürdiger Lebensbedingungen;
- auf den Zusammenhang von Lebenslagen und abweichendem Verhalten;
- auf Einkommenslagen und Freizeitinteressen;
- auf die Ursache von Verteilungskonflikten;
- auf den Zusammenhang von Arbeit, Bildung und Armut (ebd.).

Dies scheint ein Kernproblem bei der systemtheoretischen Denkweise zur Funktionsbestimmung Sozialer Arbeit zu sein. "Systemtheorien versuchen zu erklären, *wie* Systeme funktionieren, doch machen sie keine zureichenden Aussagen darüber, wie sich insbesondere Macht, Gewalt, Manipulation, Ausgrenzung, Kontrolle in Systemen kommunikativ und strukturell manifestieren, und wie Systeme zu konstruieren sind, um in ethisch-moralischer Hinsicht sinnhaft zu operieren [Hervorhebung im Original]" (Miller 1999, S. 92). Auch Luhmanns Ansatz bildet dabei keine Ausnahme. Nach Miller zeigt "Luhmanns systemtheoretischer Ansatz, dass sich anhand von Begrifflichkeiten und theoretischen Aussagen empirisch beobachtbare Probleme und Phänomene aus der Sozialarbeitspraxis [...] beschreiben und einordnen lassen" (ebd., S. 95). Die Universalität des Ansatzes sorgt aber - wie dargestellt - dafür, dass keine Antwort auf die Frage gefunden werden kann, wie Systeme zu gestalten und zu strukturieren sind.

Es muss in der Sozialen Arbeit aber auch darum gehen, wie zwischen den Akteuren in diesen Systemen und zwischen den Systemen untereinander ein gerechter Austausch im Sinne der bereits erwähnten wesentlichen Problemkonstellationen in einer Gesellschaft erreicht werden kann. Die Praxis (und Theorie) Sozialer Arbeit auf einzelne Systeme und deren Funktionsfähigkeit zu beschränken, selbst wenn man, wie Miller feststellt, "vorrangig damit konfrontiert ist" (Miller 1999, S. 95) oder wie Scherr (2008) meint, "für Soziale Arbeit [vermeintlich, Anm. d. Verf.] bedeutsame Problemlagen [dadurch] angemessener zu analysieren [sind]" (ebd., S. 83), wäre dennoch eine unzulässige, ja gefährliche ***Verengung der nötigen Sichtweise in der Sozialen Arbeit***. So würden die Klienten/innen der

Sozialen Arbeit durch diese selbst reproduziert werden, da die gesamtgesellschaftlichen Ursachen für klientele Probleme zu oft außen vor bleiben würden.

Systemtheorien können insbesondere das Erforschen spezifischer sozialer Zusammenhänge in einer Gesellschaft und dort auftretende Wechselwirkungen nicht ersetzen, sondern zeigen vielmehr deren Notwendigkeit (Miller 1999, S. 92) und sind daher im Kontext dieser Untersuchung unbrauchbar. Insofern wird im weiteren Verlauf nicht weiter auf die Systemtheorie - trotz ihrer Präsenz - eingegangen, da das politische Mandat gerade auch Machtstrukturen und soziale Ungleichheiten thematisieren muss, was die Systemtheorie nicht leisten kann.[26] Im Weiteren sollen daher die wesentlichen gesamtgesellschaftlichen Funktionen Sozialer Arbeit näher beleuchtet werden.

2.2.2 Die Sicherstellungsfunktion von Teilhabemöglichkeiten

Für Miller (1999) ist Soziale Arbeit vor allem "nicht Selbstzweck, sondern systemfunktional auf Gesellschaft hin angelegt, und zwar im Sinne einer gesellschaftsstabilisierenden (**nicht** systemstabilisierend!, Anm. d. Verf.] Funktion" (ebd., S.80). Miller spricht Sozialer Arbeit damit vielleicht sogar eine größere gesellschaftliche Funktion zu, als sie in der Lage ist zu leisten. Denn wie bereits angesprochen, ist die Mandatierung der Sozialen Arbeit eigentlich nicht so breit gefächert. Aber auch Seithe (2012a) weist darauf hin, dass "die Integration in die Gesellschaft [...] ein wichtiges Ziel der Sozialen Arbeit ist" (ebd., S. 67) genauso wie "die Verhältnisse und Lebensbedingungen der Menschen zu verbessern und sich ggf. für entsprechende Veränderungen einzusetzen"(ebd.). Dies darf aber nicht mit Zwang und damit gegen den Willen der Klienten/innen erfolgen (ebd.).[27]

Unabhängig von ihrer systemfunktionalen Überlegung macht Miller auch deutlich, wann für sie Gesellschaften als funktionsfähig gelten, nämlich "wenn die Teilhabemöglichkeiten an den Ressourcen einer Gesellschaft für alle Mitglieder gewährleistet sind" (Miller 1999., S. 81). Ressourcen sind nach Miller u.a. Arbeit, Einkommen, Erziehung, Aus-/Bildung, Wohnung, politische Macht, Information, Kommunikation, Kultur, gesundheitliche Versorgung, Betreuung, Gebrauchsdinge, körperlicher und psychischer Schutz, soziale Kontakte, Anerkennung, Liebe und Zuneigung. Eine Einteilung möglicher Teilhabeprob-

---

[26] An dieser Stelle ausführlich auf den möglichen Nutzen systemtheoretische Ansätze für die Soziale Arbeit einzugehen, ist aus Kapazitätsgründen nicht möglich. Es sei aber darauf verwiesen, dass auch dezidierte Anhänger des Nutzens systemtheoretischer Ansätze für die Soziale Arbeit um deren Mängel wissen (vgl. u.a. Kleve 2005; Merten 2005) und zumindest teilweise davon sprechen, dass sowohl mit dem "Konzept der Integration/Desintegration als auch dem Begriffspaar Inklusion/Exklusion in einer modernen Gesellschaft Beobachtungsgewinne erzielbar sind" (Kleve 2005, S. 166).

[27] Auf dieses "Schleifen" von Menschen mittels "Integration über Anpassung" wird im weiteren Verlauf noch eingegangen.

leme oder auch die Differenzierung in mehrere Dimensionen (Miller 1999, S. 82; Wendt 1995, S. 6; Klassen 2001, S. 73) erscheint dabei ebenfalls sinnvoll, und zwar in

- ***materielle Teilhabeprobleme***, bedingt durch beispielsweise (Langzeit)Arbeitslosigkeit, ungünstige Wohnqualität bzw. Wohnungslosigkeit oder finanzielle Armut (auch durch Überschuldung);
- ***soziale Teilhabeprobleme***, also keine oder eingeschränkte Möglichkeiten der kulturellen und sozialen Mitgestaltung (wobei die Gründe hierfür vielfältig sein können) oder auch Isolation durch kaum oder nicht ausgeprägte Freundschafts- und Familiensysteme;
- ***kulturelle Teilhabeprobleme***, also der bestenfalls eingeschränkte Zugang zu präsentativen Symbolsystemen der ästhetischen Praxis (Institutionen der Künste wie Museen, Theater, Kino etc.) aber auch zu Erziehung und Bildung.

Neben der Sicherstellung von Teilhabemöglichkeiten wird Sozialer Arbeit aber auch oft eine Anpassungsfunktion zugesprochen bzw. vorgeworfen.

2.2.3 Die Anpassungsfunktion Sozialer Arbeit

Ernst Engelke hat bereits 1992 festgestellt, dass Sozialer Arbeit zum Erhalt der Gesellschaft auch das "Anpassen" als Aufgabe zufällt (ebd., S. 101). Schilling (1997) weist widerum darauf hin, dass "der Begriff der Anpassung heute weitestgehend negativ besetzt" (ebd., S. 340) ist. Negativ deswegen, da unter dem Begriff "Anpassung" an die gegebenen Bedingungen oft das "Schleifen" von Klienten/innen im Sinne der bereits mehrfach erwähnten staatlichen Steuerungsagenturen verstanden wird und nicht die Einsicht, dass "ein gewisses Maß an Anpassung für jeden Menschen notwendig ist, um überhaupt leben zu können" (ebd.). Für Schilling ist der Begriff unter dem Verweis auf Mollenhauer und der Darstellung unterschiedlicher Anpassungsarten (ebd., S.341) "vom Grundverständnis her positiv" (ebd., S. 342). Die Negativität tritt für ihn erst im Kontext mit Macht[28], "Anpassung und Macht bzw. Anpassung und Ohnmacht" (ebd.), wie Schilling es formuliert, zu Tage. "Soziale Arbeit ist seit ihrem Bestehen beides: potenziell eine politische, gesellschaftliche Bewegung und gleichzeitig immer auch ein Anpassungsinstrument" (ebd.).

[28] Die ausführliche Bearbeitung und Darstellung des Themas "Macht" im Kontext von Sozialer Arbeit würde den Umfang dieser Untersuchung bei Weitem sprengen und eine kurze Darstellung würde wiederum der Bedeutung des Themas nicht gerecht werden. Verwiesen sei daher insbesondere auf Weber (2009) und Staub-Bernasconi (2010), die ausführlich auf dieses Thema eingehen. Einige wenige Aspekte von Macht kommen auch in Zusammenhang mit der Uminterpretation der Bedeutung von "Empowerment" im Kapitel 4.2.2 ("Die Ökonomisierung von Sozialer Arbeit") vor.

Auch für Klassen (2001) ist die Frage, wie Anpassung verstanden wird, äußerst relevant: Soziale Arbeit kann hierbei die Funktion des "Anpassungsfunktionärs des Staates" (Klassen 2001, S. 80) übernehmen, indem Minderheiten und vermeintliche Randgruppen einer Gesellschaft an die Vorstellungen einer Mehrheit angepasst werden. Dabei wird die Gesellschaft erhalten, ob die Leitidee der sozialen Gerechtigkeit aber noch eine Rolle spielt, darf mit Sicherheit bezweifelt werden. Daher erscheint es durchaus vernünftiger, wenn "Soziale Arbeit ihre eigenen Vorstellungen über (gerechtes) Funktionieren des Gemeinschaftslebens hat, sie kann diese Ideen auf dem Diskussionspodium der Allgemeinheit vortragen, um dann die Anpassung des Staates und der KlientInnen an diese Wertvorstellungen zu erreichen" (ebd., S. 81). So würde Soziale Arbeit "gesellschaftsverändernd, evolutionär, revolutionär und emanzipativ" (Engelke 1992, zitiert nach Klassen 2001, S. 81). Anpassungsfunktion und Bearbeitung von Teilhabeproblemen sind also relativ eindeutige Funktionsmerkmale Sozialer Arbeit. Andere Autoren/innen gehen aber - ähnlich wie bei der Gegenstandsbestimmung - einfach von einer Allzuständigkeit für Soziale Arbeit aus.

2.2.4 Alleinstellungsmerkmal Allzuständigkeit als Funktion?

Mechthild Seithe (2012a) versucht in der Frage nach der gesellschaftlichen Funktion gar nicht erst eine konkrete Funktion oder mehrere Funktionen der Sozialen Arbeit namentlich herauszuarbeiten, sondern macht auch dort - wie bereits erwähnt - unter der "Spezifik der Profession Soziale Arbeit" (ebd., S. 48) ein "Alleinstellungsmerkmal Allzuständigkeit" (ebd.) aus. Sie argumentiert, dass Soziale Arbeit "keine spezielle und exklusive Zuständigkeit wie etwa ein Ingenieur, ein Jurist, eine Fachlehrerin, ein Elektromeister oder eine Betriebswirtin"(ebd., S. 49) habe oder ein "Monopol für ein eigenes Arbeitsgebiet" (ebd.). Für sie macht dies die Professionalität von Sozialer Arbeit aus, sich als Sozialarbeiter/in nicht auf Zuständigkeiten zurück zu ziehen, sondern "den menschlichen Alltag in seiner Ganzheit, mit seinen Zusammenhängen und Vielschichtigkeiten" bearbeiten zu können und auch zu müssen (ebd.). Dies ist für Seithe schon allein deswegen so wichtig, weil Klienten/innen die Problemkonstellationen ihrer Lebenswelt sehr oft ganzheitlich erleben und artikulieren und keine hierarchisierte Aufsummierung von Einzelproblemen äußern (ebd., S. 50). Seithe weist dabei auf die "Lebensweltorientierung der Sozialen Arbeit" (ebd., S. 58) hin.[29]

[29] Auch das Konzept der Lebensweltorientierung kann hier nicht umfassend dargestellt und noch weniger diskutiert werden. Es besagt aber unter Anderem, dass Soziale Arbeit trotz ihrer offensichtlichen Systemabhängigkeit in der Lage ist, die Lebenssituation der Menschen zu verbessern und eine Lebensbewältigung sicher zu stellen (Seithe 2012a, S. 59). Bleibt es jedoch nur bei diesem Aspekt - sog. "verflachte Rezeption" (ebd., S. 67) der Lebensweltorientierung - läuft Lebensweltorientierung einzig darauf hinaus, dass sich Menschen in ihrem Elend wohler fühlen und sich dort erfolgreich einrichten können (siehe Kapitel 4.2.3 (

Damit ist insgesamt für den weiteren Verlauf der Arbeit - neben dem Gegenstandsbereich der Sozialen Arbeit - die gesellschaftliche Funktion klar umrissen: Soziale Arbeit ***fördert den sozialen Wandel*** hin zu mehr ***sozialer Gerechtigkeit*** und will auch dadurch ***soziale Probleme lösen***. Sie soll ***gesellschaftsstabilisierend agieren*** und dabei ***Teilhabemöglichkeiten gewährleisten bzw. Teilhabeprobleme beseitigen*** und damit auch ***gegen soziale Ungleichheit***[30] wirken. Der Aspekt einer gewissen ***Allzuständigkeit*** ist dabei nicht von der Hand zu weisen.

Dass diese Vorstellungen unter den gegebenen (kapitalistischen) Bedingungen nicht ohne Weiteres zu realisieren sind, ist offensichtlich. Am Ende dieses Buches sollen daher auch mögliche Perspektiven für die Soziale Arbeit aufgezeigt werden. Im Folgenden soll aber zunächst näher auf die soziale Gerechtigkeit und die Menschenrechte als Grundlage Sozialer Arbeit und Bestandteil ihres Gegenstands und ihrer gesellschaftlichen Funktion eingegangen werden.

"Der Soziale Ausschluss von Menschen"). Zum Konzept der Lebensweltorientierung sei u.a. verwiesen auf Thiersch 1995 und 2008 sowie auf Seithe 2012a, S. 58 - 67.

[30] Soziale Ungleichheit ist dabei von "bloßer physisch bedingter körpergebundener Verschiedenartigkeit der Menschen (z.B. in Bezug auf Geschlecht, Augenfarbe, Lebensalter, Rassenzugehörigkiet, Körpergröße) zu unterscheiden. D.h. wer von sozialer Ungleichheit spricht, spricht stets von gesellschaftlich verankerten Formen der Begünstigung und Bevorrechtigung Einiger und der Benachteiligung und Diskriminierung Anderer [...]" (Kreckel 2005, S. 1730). Dabei ist das Modell der "Diversity" (u.a. Munsch 2010) das aktuellste im Bezug auf die Vermeidung und Bekämpfung sozialer Ungleichheit.

3. Soziale Gerechtigkeit, Gerechtigkeitsprinzipien und die Menschenrechtsdebatte in der Sozialen Arbeit

Bereits der erste "Bundeskongress Soziale Arbeit" thematisierte das Thema "Soziale Gerechtigkeit" als wesentlich für die Soziale Arbeit in Deutschland (AKADEMIE FÜR SOZIALARBEIT UND SOZIALPOLITIK E.V., 1994). Unter den Eindrücken des Pogroms von Rostock-Lichtenhagen[31] wurde damals noch der aufkeimende Rechtsextremismus als mitunter größte Gefahr für soziale Gerechtigkeit in Deutschland gesehen (Karsten 1994; Klönne 1994) und Timm Kunstreich[32] (1994) kritisierte: "War in der DDR soziale Gerechtigkeit nur um den Preis eines undemokratischen kontrollierenden, pädagogisierenden 'Monosubjekts' in Staat und Ökonomie möglich, so sind heute demokratische Grundrechte und Politikformen nur um den Preis kapitalistischer, sozialstaatlich abgefederter sozialer Ungerechtigkeit zu haben - beides in den Grenzen des westdeutschen Konsens der staatstragenden Kräfte" (ebd., S. 31).

Er thematisierte mit diesem Beitrag die Gefahr, dass das Thema der sozialen Gerechtigkeit erstens mangels eines als bedrohlich empfundenen Konkurrenzsystems für die Politik zunehmend an Bedeutung verlieren könnte,[33] daneben aber auch, dass Menschen suggeriert würde, soziale Gerechtigkeit sei für den Großteil, aufgrund der Erfahrungen aus diesem System, nicht ohne (sozial) abgefederte Ungerechtigkeit für eine Minderheit zu realisieren und damit soziale Gerechtigkeit für alle schlicht unmöglich.[34] Das Gemeinsame aller Beiträge auf diesem ersten Bundeskongress, auch die der Beiträge von Thiersch (1994) und Wendt (1994), war nicht nur das Thema soziale Gerechtigkeit, sondern auch die damit einhergehende Dimension von deren "Bedrohung" und die Aufgabe der Sozialen Arbeit, sich damit auseinander zu setzen.

"Welches Maß an Ungleichheit von einer Gesellschaft als *gerecht* akzeptiert wird, kann sich [aber] durchaus unterscheiden [Hervorhebung durch den Verfasser]" (Engel 2011, S. 13). Auch hierbei geht es also letztendlich um die Frage nach (sozialer) Gerechtigkeit. Soziale Gerechtigkeit scheint damit ein selbstverständliches Merkmal Sozialer Arbeit zu sein und allgegenwärtig, dies soll im Weiteren überprüft werden.

---

[31] http://www.taz.de/!97505/ [zuletzt aufgerufen am 31.07.2012].
[32] emeritierter Professor für Sozialwissenschaften.
[33] Auch Galuske et al. (2008) weisen auf diese Tatsache hin: Das "Modell der sozialstaatlich befriedeten kapitalistischen Arbeitsgesellschaft gerät spätestens nach dem Untergang des real (nicht) existierenden Sozialismus Ende des 20. Jahrhunderts in die Krise und in die Kritik"(ebd., S. 400).

3.1 Die Selbstverständlichkeit sozialer Gerechtigkeit

Thiersch (1995) weist seit jeher darauf hin, dass die Frage nach Gerechtigkeit im Alltag von Sozialer Arbeit und dort stattfindender Diskussionen allgegenwärtig ist (ebd., S. 25) und zudem "auf ihrer Funktion innerhalb des gesellschaftlichen Selbstanspruchs auf soziale Gerechtigkeit [insistiert]" (Thiersch 2002, S. 6). Wenige Jahre später stellt er erneut fest, dass "Soziale Arbeit selbstbewusst und offensiv vertreten [muss], dass sie ein Moment im Projekt sozialer Gerechtigkeit der Moderne ist" (Thiersch 2005, S. 1252). Zusammen mit den bereits in der Einleitung zitierten Äußerungen lässt sich bei Thiersch also eine mittlerweile über 17jährige Kontinuität in dieser Frage feststellen und Staub-Bernasconi (2005) stellt unter der Überschrift die "Etappen des Gerechtigkeitsdiskurses" (ebd., S. 75) fest, dass schon allein aufgrund der Theoriebeiträge vor rund 100 Jahren davon auszugehen ist, dass Gerechtigkeit schon immer eine "zentrale handlungstheoretische (normative) Leitidee der Sozialen Arbeit war" (ebd., S. 76). Auch Seithe (2012a) reiht sich in diese selbstverständliche Bedeutung von sozialer Gerechtigkeit für die Soziale Arbeit ein (ebd., S. 282) und Timm Kunstreich (2003) sieht Gerechtigkeit und nicht Hilfe als wichtigste Bezugspunkte für Sozialer Arbeit (ebd., S. 71). Umschrieben steht dies auch als Auftrag der Jugendhilfe in §1 des achten Sozialgesetzbuchs (SGB VII)

Dabei ist wichtig festzuhalten, dass das Verständnis von "Gerechtigkeit" und damit einhergehend das erträgliche Maß an "Ungerechtigkeit" in Gesellschaften unterschiedlich ausgeprägt sein können, abhängig von der individuellen Zugehörigkeit zu Bevölkerungs- oder Berufsgruppen. "Ein verbindliches Konzept von Gerechtigkeit gibt es nicht" (Thiersch 1995, S. 26). Diese Aussage soll anhand eines nachvollziehbaren Beispiels verdeutlicht werden: Die bayerische Staatsregierung sieht es als gerecht an, wenn alle Studierenden den gleichen Betrag an Studienbeiträgen für ein Semester zu zahlen haben. Jenseits von der Frage, ob Studiengebühren grundsätzlich zu befürworten oder abzulehnen sind, erfolgt zumindest keine Eingruppierung von Studierenden in Kohorten nach individueller Leistungs- bzw. in diesem Fall Zahlungsfähigkeit. Auch ein anderes Modell könnte aber als gerecht angesehen werden: Jede Person zahlt abhängig von ihren individuellen Möglichkeiten einen bestimmten Betrag an Gebühren, wobei die Leistungsfähigen die weniger Leistungsfähigen subventionieren. Da aber nicht mehr alle Studierenden das Gleiche bezahlen, steht der Vorwurf der Ungerechtigkeit wieder im Raum. Dritte wiederum können argumentieren, dass jeder Betrag unabhängig von seiner Höhe nicht gerecht sei, weil er Menschen mit besonders schlechten finanziellen Spielräumen grundsätzlich von einem Studium abschreckt, da es irrelevant ist, ob eine Person 200 Euro oder beispielsweise 1000 Euro nicht aufbringen kann. Bildung muss nach dieser Argumentation, um gerecht sein zu können, grundsätzlich auch kostenlos sein.

Letztendlich geht es bei der Frage nach sozialer Gerechtigkeit also immer darum, wie innerhalb einer Gesellschaft Güter und Lasten verteilt werden (Thiersch 1995, S. 27; Heite 2007, S. 49; Engel 2012, S. 14). Gil (2006) kritisiert dabei, dass "viele Streiter für soziale Gerechtigkeit die Bedeutung dieses Konzepts nicht präzisieren" (ebd., S. 78), dies aber für den Diskurs unbedingt nötig wäre und zwar "über eine emotionale Verbindung zu einer vagen Idee hinaus" (ebd.). Für die Soziale Arbeit soll die Bedeutung daher im Folgenden präzisiert werden, denn Gil argumentiert, dass "[...] die verbreiteten vagen Definitionen von sozialer Gerechtigkeit zur Aufrechterhaltung des Status Quo beitragen - also sozialer Ungerechtigkeit" (ebd.). Im Folgenden soll daher auch darauf eingegangen werden, was soziale Gerechtigkeit bzw. Gerechtigkeit für die Soziale Arbeit bedeuten muss, um damit den bisher herausgearbeiteten Darstellungen (Gegenstandsbereich und gesellschaftliche Funktion Sozialer Arbeit)auch gerecht werden zu können.

3.1.1 Mögliche Gerechtigkeitsprinzipien

Engel (2012) stellt im Verlauf ihrer Ausführungen die entscheidende Frage: "Was ist nun aber gerecht? Und: Meint Gerechtigkeit Gleichheit oder kann Ungleichheit durchaus gerecht sein" (ebd., S. 15)? Es ist keine andere Frage als die nach grundsätzlichen Gerechtigkeitsprinzipien, die laut Engel insbesondere abhängig sind von

- "dem Zeitpunkt eines Verlaufs (z.B. einer beruflichen Karriere)
- der Startphase (Zugangsmöglichkeiten zu Bildung/Ausbildung)
- dem Prozess (Zugangsmöglichkeiten zu Ämtern und Positionen)
- dem Ergebnis (berufliche Stellung und Einkommen)" (ebd.).

Dabei werden von Engel vier Prinzipien der sozialen Gerechtigkeit unterschieden, von denen drei Ungleichheit auch explizit zulassen:

1. Das ***Gleichheitsprinzip***, d.h. alle Menschen haben die gleichen Rechte und Pflichten und erhalten die gleichen Güter und Lasten. Dieses Prinzip lässt als einziges Ungleichheit nicht zu.
2. Das ***Bedarfsprinzip***, d.h. Umverteilungen bzw. Verteilungen werden als gerecht angesehen, die einen bestimmten Bedarf abdecken, z.B. die Grundsicherung zur Sicherstellung des Lebensunterhalts.

3. Das ***Anrechtsprinzip***, d.h. Verteilungen werden als gerecht angesehen, wenn bestimmte Personen diese aufgrund eines erworbenen Anspruchs erhalten, z.B. durch Mitgliedschaft oder auch Standeszugehörigkeit (z.B. Adel).
4. Das ***Leistungsprinzip***, d.h. individuelle Leistung wird belohnt. Als gerecht wird aufgefasst, dass die Menschen, die mehr leisten, auch mehr besitzen und verdienen sollten (ebd., S. 16f).

Auch Peter Eisenmann[35] (2006), geht im Wesentlichen von diesen vier möglichen Prinzipien aus (ebd., S. 212ff). Welches Gerechtigkeitsprinzip in einer Gesellschaft Anwendung findet, ist dabei abhängig von der Frage, wie eine Gesellschaft aussieht, wie sie funktioniert und welchen grundsätzlichen Ideologie- und Denkmustern sie folgt. Staub-Bernasconi (2005) meint sogar, dass eine Gesellschaft nur dann als gerecht bezeichnet werden könne, wenn sie sich auch nach außen gerichtet gerecht verhält (ebd., S. 82), d.h. andere Gesellschaften und deren (Weiter)Entwicklung nicht durch Ausbeutung ihrer Ressourcen (z.B. Bodenschätze), Menschen (z.B. als billige Arbeitskräfte) oder durch grundsätzlich unfaire Handelsregeln zu behindern bzw. diese Entwicklung von vornherein nicht zuzulassen (ebd.).

Im weiteren Verlauf wird von Engel (2012) darauf hingewiesen, dass "große, heterogene Gesellschaftsmodelle mit einer ausgeprägten Leistungsethik, bei denen der soziale Zusammenhalt eine vergleichsweise geringe Rolle spielt, am ehesten dem Leistungsprinzip als gerechtem Verteilungsprinzip folgen" (ebd., S. 18). Länder, die dies so handhaben, sind für sie Großbritannien oder die USA, aber auch Deutschland, selbst wenn zumindest in der Theorie hier nicht der Grundsatz der freien, sondern der sozialen Marktwirtschaft[36] gilt, im Gegensatz zu den erstgenannten Ländern. Deutschland geht aber z.B. im Bereich des ALG II und mit dem Prinzip des "Fördern und Forderns"[37] sehr offensichtlich von der absoluten Gültigkeit des Leistungsprinzips aus. Auch Thiersch (1995, S. 30) verweist auf diese Tatsache, wenn er kritisiert, dass "trotzdem [trotz der Definition als soziale Marktwirtschaft, Anm. d. Verf.] in unserer industriell-kapitalistischen Leistungsgesellschaft seine [das

---

[35] Professor für Andragogik, Politikwissenschaft und Philosophie/Ethik an der Hochschule Würzburg.

[36] "Von Müller-Armack und Ludwig Erhard konzipiertes wirtschaftspolitisches Leitbild, das ab 1948 in der Bundesrepublik Deutschland verwirklicht worden ist. Es greift die Forderung des Ordoliberalismus (Freiburger Schule) nach staatlicher Gewährleistung einer funktionsfähigen Wettbewerbsordnung auf, ergänzt jedoch den Katalog wirtschaftspolitischer Staatsaufgaben unter Betonung sozialpolitischer Ziele. Mit diesem Leitbild wird versucht, Ziele und Lösungsvorschläge des Liberalismus, der christlichen Soziallehre und des freiheitlichen Sozialismus miteinander zu verbinden." (http://wirtschaftslexikon.gabler.de/Definition/soziale-marktwirtschaft.html [zuletzt aufgerufen am 05.09.2012]).

[37] Grundsatz der "Hartz-IV-Reform" mit dem Ziel, vor allem Langzeitarbeitslose wieder ins Erwerbsleben einzugliedern. (Vgl. u.a. http://www.aachener-zeitung.de/artikel/1113729 [zuletzt aufgerufen am 04.08.2012])

Prinzip der Leistungsgerechtigkeit; Anm. d. Verf.] Priorität gilt. Das Prinzip der sozialen Gerechtigkeit bleibt [...] nachrangig" (ebd.).

Im Bezug auf die Frage nach ***Chancengerechtigkeit,*** d.h. nach den Möglichkeiten, die ein Mensch in der Gesellschaft zur freien Entfaltung seiner Persönlichkeit erhält, muss z.B. im Sinne des Gleichheitsprinzips dem Bedarfsprinzip gefolgt werden. Dies ist darin begründet, weil Mitglieder in einer Gesellschaft so verschieden sind (z.B. Talente, Behinderungen etc. haben), dass eine gerechte Verteilung, die soziale Ungleichheit nicht zulässt, über sozialpolitische Maßnahmen zu erfolgen hat (Engel 2012, S. 16). Nach dem Anrechtsprinzip würden hier Ansprüche über die Geburt vergeben und das Leistungsprinzip wäre hier ähnlich ungerecht, da auf die Leistung der vorherigen Generation zurückgegriffen werden müsste, mit der die aktuelle eigentlich kaum etwas zu tun hat (ebd.), wie beispielsweise auch die Debatte über die Erbschaftssteuer[38] zeigt. Engel stellt diese Überlegungen auch noch für die ***Prozessgerechtigkeit*** (Bedingungen bei den Verfahren zur Güterverteilung und Vergabe von Positionen) als auch die ***Ergebnisgerechtigkeit*** (endgültige Verteilung von Positionen, Einkommen und Gütern, abhängig vom Start und Prozess) (ebd., S. 16f) an. Für beide kommt sie ebenfalls zu diesem Ergebnis: Anrechts- und Leistungsprinzip können nur über Ungleichheiten überhaupt funktionieren und das Bedarfsprinzip ist vor allem zur Durchsetzung des Gleichheitsprinzips zulässig (ebd.).

Wenn Soziale Arbeit - wie dargestellt - nun unter anderem eine gesellschaftsstabilisierende Funktion hat[39], kann und darf auch für diese das Leistungsprinzip gerade nicht als gerechtes Verteilungsprinzip gelten, da dieses soziale Ungleichheiten bedingt. Auch wenn Engel (2012) das Bedarfsprinzip und das Gleichheitsprinzip eher kleineren Gefügen wie Familien, Stämmen oder Genossenschaften (ebd.) in ihrer Anwendungen bzw. Gültigkeit zurechnet und weniger ganzen Ländern oder allen Nationen gleichermaßen, so erscheint für die Soziale Arbeit und ihre gesellschaftliche Funktion ebenfalls eine Kombination aus diesen beiden grundsätzlichen Gerechtigkeitsprinzipien doch im Sinne der Forderung nach sozialer Gerechtigkeit und ihrer gesellschaftsstabilisierenden Funktion am zutreffendsten.

---

[38] http://www.zeit.de/2012/30/Erben-Interview-Kipping-Goebel [zuletzt aufgerufen am 10.08.2012].
[39] siehe vorheriges Kapitel "Die gesellschaftliche Funktion Sozialer Arbeit".

3.1.2 Die Gestaltungsverantwortung der Sozialen Arbeit und Menschenrechte als logische Weiterentwicklung?

Baum (2004) meint, dass "soziale Gerechtigkeit, die diesen Namen verdient, eine besondere Form von Gerechtigkeit sein [muss]" (ebd., S. 17). Er geht im Weiteren darauf ein, ob es "objektive" und "subjektive" Gerechtigkeit gibt, um zum Schluss zu kommen, dass diese "begriffliche Unterscheidung nicht unstrittig" (ebd., S. 19) ist. Nach weiteren Überlegungen kommt er aber zu einer wichtigen und zentralen Aussage: "Die politische Verwirklichung sozialer Gerechtigkeit kann nie durch bloße staatliche Intervention bewerkstelligt werden, erst recht nicht, wenn Politik unter Globalisierungsdruck steht. Ohne Verantwortung [...] auch seitens der einzelnen Bürger und Gruppierungen steht Politik immer in der Gefahr, [...] soziale Gerechtigkeit mehr oder weniger zu verfehlen" (ebd., S. 31). So wird der Politik nicht nur eine direkte Verantwortung bei der mangelhaften Umsetzung abgesprochen, einem breiten Feld wird gleichzeitig eine Gestaltungsverantwortung zugesprochen, auch der Sozialen Arbeit und den dort tätigen Professionellen.

Für Thiersch (1995) ist die Erörterung des Themas soziale Gerechtigkeit im Kontext von Sozialer Arbeit aber auch noch mehr als die Frage nach Gerechtigkeitsprinzipien, welchen die Soziale Arbeit entsprechend ihrer Funktion folgen muss, oder der Aussage, dass sie in dieser Frage eine Gestaltungsverantwortung hat. Vielmehr geht es ihm auch um weitergehende Fragen, die der Grundsatz der sozialen Gerechtigkeit bedingt (ebd., S. 33ff). Er verweist dort unter anderem darauf, dass "Schwierigkeiten in der Sozialen Arbeit ihren Grund zunächst vor allem darin haben, daß ihre Praxis dem Gerechtigkeitsanspruch nicht entspricht, dass ihre gleichsam technische Realisierung unzulänglich ist" (ebd.) und gelangt zu der Erkenntnis, dass es die Menschrechtsdiskussion ist, die versucht, diese Grenzen zu überwinden und universelle soziale Gerechtigkeit für alle Menschen dieser Erde einzufordern (ebd., S. 41). Abschließend stellt er eindeutig fest: "Soziale Menschenrechte sind ohne Umverteilungen, ohne Einbußen und Rücknahmen im Reichtum der Ersten Welt nicht zu realisieren. Soziale Gerechtigkeit verlangt eine 'Weltinnenpolitik'" (ebd., S. 42) und auch Gil (2006) argumentiert, dass "um zu einer wahrhaften sozialen, ökonomischen, politischen und kulturellen Gerechtigkeit zu kommen, die Menschen sich weiterentwickeln und ihre alte, chauvinistische Stammesmentalität ebenso aufgeben, wie wir unsere durch verschiedene Zugehörigkeiten, etwa Religion, Nationalität, Geschlecht, sexuelle Orientierung, fragmentierten Identitäten" (ebd., S. 83) überwinden müssen.

Es scheint also so, als ob die Grundlagen der Sozialen Arbeit eigentlich nicht die Prinzipien der sozialen Gerechtigkeit und Menschenrechte sind. Vielmehr ist die Forderung nach

"Sozialer Arbeit als Menschenrechtsprofession" (Staub-Bernasconi 2003, S. 17) die logische Weiterführung der Auffassung, dass die Funktion der Sozialen Arbeit eine gesellschaftsstabilisierende ist und sie unter der Leitidee der sozialen Gerechtigkeit an der Erhaltung und Verbesserung der Gesellschaft mitzuwirken hat.

Es kann aber auch sein, dass es schlicht darum geht, Widersprüche in der Praxis Sozialer Arbeit besser aushalten zu können. Denn wie Thiersch ja feststellt, sind Schwierigkeiten vor allem Schwierigkeiten der Praxis. Der Verweis auf eine Realutopie[40] wie den Menschenrechten kommt daher vielleicht auch einfach nur sehr gelegen. Es kann individuell bestimmt von Vorteil sein, sich bei großen Widersprüchen auf einen größeren, grundsätzlicheren Anspruch beziehen zu können, der allein und im Kleinen kaum erreicht werden kann und im Großen noch nicht verwirklicht ist. Wäre es für praktizierende Sozialarbeiter/innen ehrlich und aufrichtig, sich auf diese Weise aus der praktischen Verantwortung zu ziehen? Diese These ist bestimmt kontrovers, in meinen Augen ist es aber auch legitim, diese Überlegung in den Raum zu stellen. Im Weiteren soll daher etwas näher überprüft werden, ob es sich - vereinfacht ausgedrückt - um eine "gute Ausrede" handelt (so wie Lutz dies dem doppelten Mandat vorwirft) oder um die angedeutete Weiterentwicklung des Prinzips der sozialen Gerechtigkeit.

3.2 Soziale Arbeit als Menschenrechtsprofession

Die Idee nach universell gültigen Rechten für Menschen[41] ist nicht neu. Bereits in der "Bill of Rights" von 1787 oder in der französischen Revolutionsverfassung (1791) wurden Menschenrechte formuliert. Der entscheidende Unterschied zu dem heutigen Verständnis ist jedoch, dass sie damals noch nicht für alle Menschen gleichermaßen ihre Gültigkeit besaßen (Rommelspacher 2005, S. 102). Damals hatte der Anspruch auf Freiheit und Gleichheit nur für einen geringen Teil der Bevölkerung Gültigkeit, nämlich für den reichen, weißen Mann (ebd.). Dass dadurch unter anderem insbesondere Frauen und Nicht-Weiße ausgeschlossen wurden ist offensichtlich. Der Beginn der neuzeitlichen Beschäftigung der Sozialen Arbeit mit der Frage der Menschenrechte war die Gründung einer "Menschenrechtskommission" des IFSW 1988, um die Idee der Menschenrechte in der Praxis der Sozialen Arbeit zu verbreiten und sich zudem für verfolgte Menschenrechtsaktivistinnen

---

[40] Realutopien sind noch nicht erreichte Vorstellungen, von denen man allerdings sehr genau weiß, "welcher politische Wille und welche Entscheidungen zur Durchsetzung" (Staub-Bernasconi 2008, S. 21) nötig wären. Dies z.B.in Abgrenzung zu einem "Leben nach dem Tod" als Hoffnung, oder Utopien, "von denen man nicht angeben kann, wann und wie sie realisiert werden können" (ebd.).

[41] Dieser Punkt meines Buches hat nicht den Anspruch, die Diskussion um die Frage nach einer "Sozialen Arbeit als Menschenrechtsprofession" in allen Facetten allumfassend und vollständig darzustellen. Mir geht es dabei um die Aspekte, die in Zusammenhang mit der Fragestellung der Untersuchung als relevant erscheinen.

aus der Sozialen Arbeit bei staatlichen Institutionen einzusetzen (Staub-Bernasconi 2007a, S. 26). 1992 folgte die weltweite "Kampagne für Menschenrechte" die von der UNO in Zusammenarbeit mit der IFSW initiiert wurde (Staub-Bernasconi 1995, S. 413ff).

3.2.1 Das moderne Verständnis von Menschenrechten

Das moderne Verständnis von Menschenrechten resultiert aus den Erfahrungen der Kriege und Diktaturen des frühen 20. Jahrhunderts, darunter insbesondere der Erfahrung der industriellen Massenvernichtung von Menschen durch die Nationalsozialisten in Deutschland, und wurde in der Allgemeinen Erklärung der Menschenrechte[42] niedergeschrieben (Rommelspacher 2005., S. 101).

Angesichts der nationalsozialistischen Verbrechen versuchte die Staatengemeinschaft zu bestimmen, "was Menschlichkeit ausmacht und wie sie gewahrt werden kann" (ebd.). Diese Debatte wurde im Laufe der Jahre aktiv weiter getrieben und "inhaltlich auf eine immer breitere Basis gestellt" (ebd.).[43] Menschenrechte sind aber auch eine aktuelle Antwort auf Unrechtserfahrungen: "Sie fordern, den Menschen vor dem Würgegriff des Menschen zu schützen" (Staub-Bernasconi 2009, S. 11).

Die Stadt Nürnberg trägt z.B. nicht ohne Grund die Bezeichnung "Stadt des Friedens und der Menschenrechte" als Folge der eingestandenen Verantwortung angesichts ihrer Rolle während der NS-Zeit und unterhält deswegen sogar ein eigenes Menschenrechtsbüro. Aufgabe des Büros ist nicht nur das Leitbild Menschenrechte mit Leben zu füllen. Die Konzeptionierung kommunaler Menschenrechtsarbeit zu koordinieren und umzusetzen gehört genauso zum Aufgabenbereich wie auf internationaler und europäischer Ebene zu agieren, als auch die Wahrung und Stärkung der Menschenrechte gleichermaßen für alle Menschen in Nürnberg.[44] Die Relevanz des Themas Menschenrechte ist also nicht von der Hand zu weisen.

---

[42] http://www.un.org/depts/german/grunddok/ar217a3.html [zuletzt aufgerufen am 10.08.2012].

[43] Neben der Allgemeinen Erklärung der Menschenrechte wurden auch Konventionen für bestimmte Zielgruppen verabschiedet, wie z.B. die Kinderrechtskonvention oder die Behindertenrechtskonvention. Diese haben nach Ratifizierung ebenfalls verbindlichen Charakter für die unterzeichnenden Länder. (http://www.institut-fuer-menschenrechte.de/de/menschenrechtsinstrumente/vereinte-nationen/menschenrechtsabkommen.html [zuletzt aufgerufen am 10.08.2012]).

[44] http://www.nuernberg.de/internet/menschenrechte/ [zuletzt aufgerufen am 29.07.2012].

Die Menschenrechtsdebatte führt in der Folge zu drei wesentlichen Erkenntnissen, die ihre Relevanz auch für die Soziale Arbeit haben, denkt man an ihre Funktion und ihren Gegenstand (Rommelspacher 2005, S. 102):

- Es ist nicht ausreichend, ausschließlich für bürgerliche Freiheitsrechte zu kämpfen, sich also gegen staatlichen Zwang und Einmischung einzusetzen (***negative Rechte***).
- Viel wichtiger sind die Anspruchsrechte, also z.B. das Recht auf gesundheitliche Versorgung, Arbeit oder auch Bildung (***positive Rechte***).
- Daneben sind die ***kollektiven Minderheitenrechte*** von entscheidender Bedeutung, die gesellschaftliche Gruppen vor Ausbeutung und Diskriminierung schützen sollen (darunter fällt z.B. das Verbot des Völkermords oder das Recht auf reproduktive Selbstbestimmung für Frauen).

3.2.2 Die Bedeutung der Menschenrechte für die Soziale Arbeit

Birgit Rommelspacher[45] (2005), weist nicht nur darauf hin, dass Fragen der Menschenrechtsdebatte die Soziale Arbeit in Deutschland beschäftigen, sondern auch warum diese immer wichtiger werden (ebd., S. 101): Globalisierungsprozesse führen zu einer Entmachtung der Nationalstaaten, da die Produktionsprozesse internationalisiert werden.[46] In der Folge geht die Schere zwischen Arm und Reich immer weiter auseinander, da die öffentlichen Haushalte zusehends verarmen (ebd.). So wächst nicht nur die Kluft zwischen den Industriestaaten und den sog. "Entwicklungsländern", sondern auch besonders innerhalb der einzelnen Länder unabhängig von ihrer Zugehörigkeit (ebd.). Damit sind nicht nur die Klienten/innen der Sozialen Arbeit unmittelbar von diesen Entwicklungen betroffen, es stellt sich auch wieder die Frage nach der Stabilität einer Gesellschaft. Auch Staub-Bernasconi (2003) geht sehr ausführlich auf die Frage der Bedeutung der Menschenrechte für die Soziale Arbeit bzw. die daraus resultierenden Chancen ein (ebd., S. 23ff), darunter auch auf den Aspekt der Globalisierung.

---

[45] Professorin u.a. für Interkulturalität und Geschlechterstudien an der Alice-Salomon Hochschule in Berlin.

[46] Vergleiche hierzu auch Deppe (2008).

Allein aufgrund dieser Entwicklung ist es mitunter bereits legitim, eine Soziale Arbeit als Menschenrechtsprofession zu fordern. Bei globalen Ursachen für Probleme reicht es unter Umständen nicht einfach aus, bei der Lösung und Bearbeitung bei der Nation zu verharren. Für Rommelspacher hat die Debatte um die Menschenrechtsprofession Soziale Arbeit dabei vier wesentliche, wichtige Punkte (ebd., S. 110):

1. Durch die Erweiterung auf die Perspektive von globalen Zusammenhängen, wird auch der Blick auf die Tatsache der Pluralität in jeder Gesellschaft geschärft.
2. Es wird verdeutlicht, dass politische, soziale und kulturelle Rechte untrennbar zusammen gehören.
3. Der Blick für Mechanismen kultureller Dominanz wird geschärft, da unter dem Deckmantel der Menschenrechte im Namen von Gleichheit auch Ungleichheit reproduziert werden kann, z.B. Interventionen von reichen und mächtigen Ländern in armen unter dem Verweis auf die Menschenrechte, obwohl nur der eigene Machtanspruch durchgesetzt werden soll (ebd., S. 102).
4. Die Menschenrechtsdebatte gibt der Diskussion, ob Soziale Arbeit ihrem selbst formulierten Anspruch, soziale Gerechtigkeit durchzusetzen, gerecht wird, eine "neue Aktualität und stellt sie auf eine breitere Basis"(ebd., S. 110).

Die Relevanz der Menschenrechte für die Soziale Arbeit ist also nicht von der Hand zu weisen, auch wenn sie in der Praxis nicht unbedingt zu einer einfacheren Lösung von Problemen beiträgt und der Bezug darauf - zumindest teilweise - auch sehr inkonsequent betrieben wird.

3.2.3 Menschenrechte in der Praxis Sozialer Arbeit

Manfred Kappeler (2008) meint im Bezug auf die Menschenrechtsdebatte, dass der Diskurs "seine abstrakte Ebene kaum verlassen hat" (ebd., S. 34) und zudem "viele Kolleginnen und Kollegen in der Alltagspraxis diverser Berufsfelder [daran] nicht beteiligt sind" (ebd.), während Staub-Bernasconi (2008) diese Einschätzung nicht teilt (ebd., S. 9). Für sie sieht man die Bedeutung für die Praxis z.B. auch an der Tatsache, dass es mittlerweile einen eigenen Masterstudiengang "Soziale Arbeit als Menschenrechtsprofession" in Berlin gibt, in dem es unter anderem auch um die genannten vier Punkte geht (ebd., S. 9ff). Inwieweit sich die Bedeutung für die Praxis aber allein an dieser Tatsache festmachen lässt, erscheint zumindest fraglich, auch weil die Umsetzung bei den Trägern Sozialer Arbeit noch nicht überall erreicht scheint.

Kappeler (2008) verweist ausdrücklich darauf, dass die Umsetzung damit beginnen muss, Menschenrechte zuerst für die eigene Praxis (und Theorie) als Maßstab zu definieren, d.h. Menschenrechte als politische und soziale Rechte in der Profession selbst zu verwirklichen (ebd., S. 37) und damit vor allem auch die "Selbst-Verortung [aufzugeben] als *per se* auf der Seite des Guten, des Humanen, des Helfenden [Hervorhebung im Original]" (ebd.) zu stehen. Insbesondere die christlichen Spitzenverbände der freien Wohlfahrtsverbände tun dies z.B. so sehr, dass sie behaupten, nicht einmal ein Betriebsrat sei für die eigenen Mitarbeiter/innen notwendig und verstoßen auch beim Arbeitsrecht allgemein gegen Grundsätze der Menschenrechte.[47]

Neben dieser offensichtlichen Tatsache, dass sogar Arbeitgeber/innen im sozialen Bereich immer wieder gegen die Menschenrechte verstoßen und daher die Forderung von Kappeler auch nachvollziehbar ist, geht Ruth Großmaß[48] (2005) unter anderem auf die getätigte Überlegung ein, ob die Debatte um die Menschenrechte nicht nur eine willkommene "Ausrede" für die Praxis ist: "Für die berufliche Praxis bietet die Einbeziehung von Menschenrechten einen Ausweg aus den häufig individuell wahrgenommenen und meist auch individuell zu verarbeitenden moralischen Konflikten, die in der Praxis aus der erfahrenen Begrenztheit möglicher Hilfe erwachsen" (ebd., S. 21). Sie argumentiert, dass diese Grundposition der Menschenrechte bei vielen Sozialarbeitern/innen der Praxis hoch willkommen sei, da auch bei diesen die Entwicklung der letzten Jahre als neoliberal verstanden wird und auch diese die gesellschaftliche Situation so einschätzen, dass sich die materielle Situation der Schwachen massiv verschlechtert hat und weiter verschlechtern wird (ebd., S. 22f).

Somit steht die Überlegung im Raum, ob es sich bei der Menschenrechtsdebatte in der Sozialen Arbeit nicht wirklich nur um eine gewissensberuhigende Maßnahme für Sozialarbeiter/innen handelt, weil der Menschenrechtsbezug vermeintlich eine Lösung anbietet, da er dadurch Entlastung verspricht, indem die persönliche Empörung in eine legitimierte Forderung verwandelt wird (ebd.). Dieser Wunsch ist nachvollziehbar und berechtigt, aber aus persönlicher Empörung sollte in letzter Konsequenz nicht der Verweis auf eine gute und wichtige Realutopie resultieren, sondern der Wunsch nach praktischer Veränderung und nach Widerstand im Sinne der Klienten/innen.

---

[47] http://www.dradio.de/dkultur/sendungen/religionen/1766890/ [zuletzt aufgerufen am 29.07.2012]. Vergleiche hierzu auch Beck 2007, S. 119f.
[48] Professorin an der Alice-Salomon Hochschule Berlin.

Großmaß verweist hier darauf, dass dieser vermeintliche Ausweg auch zu Frustration und Resignation führen kann und grundsätzlich "hochkomplexe Anforderungen hinsichtlich der Verknüpfung von Wissen mit Reflexion und Entscheidungskompetenz" an die Sozialarbeiter/innen stellt (ebd., S. 25). Sie kommt zu dem Schluss, dass dies keinesfalls bedeute, den Anspruch, eine Menschenrechtsprofession sein zu wollen, aufzugeben. Allerdings bedeute der Menschenrechtsbezug vor allem einen "Komplexitätszuwachs" (ebd., S. 32) und nicht etwa eine - wie in der Praxis oft gewünscht - willkommene Hilfestellung bei Konflikten oder Unterstützung bei Handlungsentscheidungen im Hinblick auf existierende Dilemmata der Profession oder gar ihrer Lösung. Staub-Bernasconi (2008) verweist in diesem Zusammenhang darauf, dass es bei der "Integration der Menschenrechtsidee in die Soziale Arbeit" (ebd., S. 12) darum geht, diese als "Teilaspekt" (ebd.) aufzunehmen und nicht als umfassende Lösung aller Probleme und Widersprüche der Sozialen Arbeit zu verstehen.

In Konsequenz bedeutet dies also, dass der legitime und notwendige Verweis auf die Menschenrechte allein nicht ausreicht, um im Sinne der Klienten/innen (sozialen) Problemen begegnen zu können, da diese zwar ein wichtiger Teilaspekt in der Sozialen Arbeit sind, aber auch keinen Überbau darstellen. Zur Durchsetzung der Grundlagen Sozialer Arbeit gewinnt die Forderung nach praktizierter, kritischer Sozialer Arbeit erneut an Aktualität und damit auch die Notwendigkeit eines politischen Mandats. Im Folgenden wird nun näher auf das Verständnis des politischen Mandats eingegangen, als auch darauf, warum dieses als notwendig erscheint.

4. Die Notwendigkeit eines politischen Mandats in der Sozialen Arbeit

Hans Thiersch (2002) stellt sehr deutlich klar, dass "Soziale Arbeit in ihrer Funktion gesellschaftlich [zwar] nachgeordnet, nachrangig" sein mag, dies aber "kein Einwand dagegen [ist], dass sie aus ihrer spezifischen Sicht heraus eine notwendige Stimme im Bezug auf allgemeine gesellschaftliche Diskussionen ist. Das Postulat der Einmischung versucht, dieses allgemeine politische Mandat offensiv aufzunehmen - es zu erweitern, ist die Aufgabe" (ebd., S. 27). Wenn Soziale Arbeit also soziale Gerechtigkeit mitbefördern will, hat sie zwei große Aufgaben: Erstens die Arbeit gegen Ungleichheit und Ausgrenzung - und damit für soziale Gerechtigkeit und die Menschenrechte - und zweitens die Arbeit mit den Klienten/innen und ihrem Alltag, der geprägt ist von einer zunehmenden Überforderung und Desorientierung in den pluralisiert-individualisierten Lebensverhältnissen der modernen Gesellschaft (Thiersch 2002, S. 28; Keller 2010, S. 47).

Für diese Herausforderungen braucht es aber insbesondere (sozial)politische Kompetenz bei den Sozialarbeitern/innen, die z.B. in der aufzählenden Beschreibung der notwendigen Kompetenzen beim Berufsverband für Soziale Arbeit e.V. (DBSH) komplett fehlt (Nowak 2011, S. 28). Heinz Sünker (1995) spricht in diesem Zusammenhang von einem notwendigen ***Bewusstsein*** (ebd., S. 87) als Voraussetzung, das "um gesellschaftspolitische Kontexte [weiß], [...] um emanzipatorische Veränderungen überhaupt ins Auge fassen zu können" (ebd.). Erst durch dieses Bewusstsein werden notwendige Veränderungen als Chance - insbesondere im Sinne der Klienten/innen -begriffen. Wie also ein politisches Mandat insgesamt definiert werden kann, wird im Folgenden geklärt.

4.1 Das Verständnis des politischen Mandats

Wie bereits kurz erwähnt, beschäftigt sich Soziale Arbeit häufig bzw. häufiger als man oder frau im ersten Moment annehmen würde mit Problemen, die unter anderem durch politische Zwänge generiert wurden (Klassen 200, S. 77). Diese Tatsache scheint als zentral für die Notwendigkeit eines politischen Mandats: ***Soziale Arbeit muss oft Probleme von Menschen bearbeiten, die ursächlich durch Entscheidungen der Politik generiert wurden.*** Diese können in der Folge auch nicht allein und einzig durch die Arbeit mit den Betroffenen gelöst werden, auch nicht durch eine beispielsweise korrekte - also nicht verflachte - Anwendung des Modells der Lebensweltorientierung, da gesellschaftliche Ursachen so dennoch aussen vor bleiben würden.

Soziale Arbeit hat daher eine politische Aufgabe, die sich dreiteilig beschreiben lässt. Gefordert ist erstens "politische Arbeit als StellvertreterInnenfunktion" (Miller 1999, S.

143), zweitens soll sich die politische Arbeit nicht nur nach außen positionieren, sondern "ebenso nach innen" (ebd.) und drittens erfolgt laut Miller "politische Arbeit auf der Ebene des Berufsverbandes"(ebd).

Die Notwendigkeit ist also nicht nur dadurch begründet, dass Soziale Arbeit eine Menschenrechtsprofession sein will,[49] sondern über die Gesamtheit ihrer Funktion, wenn man so will, über ihren Berufsethos. "Wenn AkteurInnen der Sozialen Arbeit sich auch zukünftig als VertreterInnen der Aufklärung und nicht der Ökonomisierung, Privatisierung, Destabilisierung und Flexibilisierung des Sozialstaates verstehen wollen, kommen sie nicht umhin, in ihrem beruflichen Alltag ihre Einmischungskompetenzen kontinuierlich zu realisieren" (Thole et al. 2005, S. 53).

Unter dem "***politischen Mandat der Sozialen Arbeit***" ist somit zu verstehen, zur ehrlichen und ernsthaften ***Wahrnehmung und Durchsetzung*** der ***gesellschaftlichen Funktion Sozialer Arbeit*** sowie ihres ***Gegenstands,***[50] ***(sozial)politischen Fehlentscheidungen*** aktiv in ***Theorie*** (Lehre und Ausbildung) und ***Praxis*** (Arbeitsplatz, Berufsverband, Gewerkschaft) ***entgegen zu treten*** und zudem durch eine ***kritische Praxis in den Arbeitsfeldern*** auch die Menschen selbst zum ***aktiven Widerstand*** und zur nachhaltigen ***Verbesserung ihrer Situation zu befähigen***. "In diesem Sinne sind 'politische SozialarbeiterInnen' SozialarbeiterInnen, die sich nicht zum Objekt herrschender Verhältnisse machen lassen, sondern als Subjekte versuchen, auf gesellschaftspolitische Verhältnisse, die die Problemlage ihrer Klientel mitbedingen, Einfluss zu nehmen [...]" (Stark 2007, S. 70).

Nowak (2011) weist in diesem Zusammenhang auch auf das größte Missverständnis bei der Diskussion um die Frage nach dem Politischen in der Sozialen Arbeit hin, nämlich dass Klienten/innen zunächst im konkreten Fall ihre dringend benötigte individuelle Hilfe bzw. Unterstützung erhalten müssen (ebd., S. 133). Es geht also nicht darum, Menschen mit ihren Problemen sich selbst zu überlassen, um ein übergeordnetes Ziel o.ä. zu erreichen, vielmehr meint das politische Mandat, im Sinne der Klienten/innen endlich eine ganzheitliche Sichtweise zu riskieren Die Ansätze und Methoden der Sozialen Arbeit sind essenzielle Bestandteile kritischer Sozialer Arbeit und des politischen Mandats, weil sie in den vielfältigen und unterschiedlichen Arbeitsfeldern zur Anwendung kommen müssen. Aber "darin kann und darf sich Soziale Arbeit nicht erschöpfen, denn sonst bleibt sie in ihrem eigenen, bisherigen apolitischen Circulus vitiosus [damit ist laut dem Autor ein Zirkelschluss bzw.

---

[49] siehe Kapitel "Soziale Arbeit als Menschenrechtsprofession" (Kapitel 3.2).
[50] siehe Kapitel "Gegenstand und Funktion Sozialer Arbeit" (Kapitel 2).

Teufelskreis gemeint, Anm. d. Verf.] der konservativen Akzeptanz des Status quo der bestehenden politischen Verhältnisse von sozialer Ungleichheit stecken" (ebd).

Bisher wurden die Begrifflichkeiten "politisch" sowie "Mandat" geklärt, sowie der "Gegenstand" und die "gesellschaftliche Funktion" beleuchtet, zudem wurde näher auf die Bedeutung der "sozialen Gerechtigkeit" und der "Menschenrechte" als Grundlagen der Sozialen Arbeit eingegangen, um abschließend das Verständnis über das politische Mandat dadurch definieren und festhalten zu können.

Im Folgenden soll nun anhand der allgemein feststellbaren Gesellschaftsveränderung zu Lasten vieler Klienten/innen die Notwendigkeit des politischen Mandats für die Soziale Arbeit weiter unterstrichen werden und dies dabei durch drei Beispiele konkretisiert werden. Es wird dabei aber auch auf die Kritik an einem politischen Mandat eingegangen.

4.2 Die neo-soziale Transformation der Gesellschaft

Für Christoph Butterwegge (2006) war das Ziel der Veränderungen des Sozialstaats, wie er es beschreibt, die "radikale Transformation nach einem ganz anderen Gerechtigkeitsverständnis" (ebd., S. 35) mit dem Ziel der Privatisierung sozialer Risiken und sozialer Lasten (ebd., S. 36ff; Thole et al. 2005, S. 45ff). Damit werden die Entwicklungen formuliert, unter denen auch viele Klienten/innen der Sozialen Arbeit seither zu leben haben.[51] Hans Uwe Otto et al. (2005) sprechen in diesem Kontext von "neo-sozialer Transformation" (ebd., S. 54ff) und stellen klar, dass es angesichts dieser Entwicklungen für die Soziale Arbeit eigentlich nicht mehr ausreicht, einfach nur zu betonen, dass man seine Aussagen ja kritisch meinen und aus der Sicht der Klienten/innen heraus diskutieren würde (ebd., S. 59). Cremer-Schäfer (2001) geht dabei sogar soweit, zu konstatieren, dass das übliche Vokabular für die Beschreibung dieser Veränderungen nicht mehr ausreicht. Es gehe um die "Erzeugung einer überflüssigen Bevölkerung, die nicht einmal als 'Reservearmee' gebraucht wird" (ebd., S. 58).

Seithe (2012a) konkretisiert "diese Veränderungen" unter der Überschrift "Aufgabe des Grundprinzips 'Soziale Gerechtigkeit'" (ebd., S. 279) und geht dort darauf ein, dass sich der - aus der Aufklärung entwickelte - gesellschaftliche Blick auf die Frage der sozialen Ungleichheit, mittlerweile - konkret seit der "Agenda 2010"[52] unter Gerhard Schröder als Bundeskanzler (ebd., S. 280) - radikal gewandelt hat. Kusche et al. (2001) haben dabei

[51] Vergleiche hierzu auch Chomsky 2006, Spatscheck 2007.

[52] Die sogenannte Agenda 2010 beschreibt die Reform des deutschen Sozialsystems und Arbeitsmarktes unter der rot-grünen Bundesregierung von Gerhard Schröder. Als Grundlage diente dabei der „Wirtschaftspolitische Forderungskatalog für die ersten hundert Tage der Regierung" der Bertelsmann-Stiftung. http://www.heise.de/tp/artikel/18/18749/1.html [zuletzt aufgerufen am 24.07.2012].

bereits im Vorfeld auf diese mögliche Entwicklung hingewiesen (ebd., S. 15) und ein politisches Mandat für die Soziale Arbeit allein aus präventiven Überlegungen gefordert. Dies ist nicht geschehen und der Umgang mit Ungleichheit hat sich radikal gewandelt.

Aus der Aufklärung sind letztendlich zwei Konzepte zum Umgang mit sozialer Ungleichheit und zur Sicherstellung sozialer Gerechtigkeit hervor gegangen: "Zum einen das radikal sozialistische, auf eine Abschaffung des kapitalistischen Systems orientierte [...] und zum anderen die Variante [...], die 'für den wohlfahrtsstaatlich gezähmten Industriekapitalismus und für unsere gegenwärtige Gesellschaft bestimmend' wurde" (Lange et al. 2006, S. 217).

Letztere Variante, also der gezähmte Industriekapitalismus, hatte - wie erwähnt - bis zur Agenda 2010 unter Schröder im Jahr 2003 Bestand, seitdem entwickelt sich auch Deutschland mehr und mehr in Richtung freie Marktwirtschaft nach amerikanischem Vorbild (Nowak 2011, S. 85). "Die Herstellung sozialer Gerechtigkeit und die Schaffung von Chancengleichheit[53] sind erklärlicherweise [aber] keine Ziele einer Gesellschaft, die vom persönlichen Verschulden für Ressourcenmangel und Lebenskrisen ausgeht, die die gesellschaftlichen Zusammenhänge sozialer Benachteiligung leugnet und die offenbar auch keine Veranlassung mehr sieht, zur eigenen Absicherung des Staates gegen die Sprengkraft der 'Sozialen Frage', ihre Bevölkerung zufrieden zu stellen" (Seithe 2012a, S. 281). Oder in der Menschen, die am Rande der Gesellschaft leben "zum Vergnügen der Mittelschicht im 'Unterschichtsfernsehen' von Sat1 oder RTL präsentiert werden" (Nowak 2011, S. 100).

Die Autorinnen sprechen der Gesellschaft damit die Fähigkeit ab, von sich aus soziale Gerechtigkeit überhaupt noch sicher stellen zu können, weil offensichtlich kein Interesse mehr daran besteht, nicht einmal unter der Überlegung der Wahrung des sozialen Friedens. Dies erscheint nicht gerade optimistisch, aber bestimmt nicht unrealistisch. In diesem Zusammenhang kann beispielsweise auf die Langzeitstudie "Deutsche Zustände" des Soziologen Wilhelm Heitmeyer und die dort unter anderem beobachtete Entsolidarisierung der Gesellschaft bzw. insbesondere die beobachtete gruppenbezogene Menschenfeindlichkeit, beispielsweise gegenüber Hartz-IV Empfängern/innen, hingewiesen werden.[54]

---

[53] Warum Seithe hier nicht "Chancengerechtigkeit" verwendet, geht aus dem Zusammenhang nicht hervor, da "Chancengleichheit" das geplante Scheitern mit einschließt und damit auch die Generierung von Ungleichheit und den Ausschluss von Menschen in Kauf nimmt.

[54]. http://www.boell.de/demokratie/demokratie-entsolidarisierung-heitmeyer-deutsche-zustaende-8883.html [zuletzt aufgerufen am 02.08.2012].

Richard Sorg[55] (2003), stellt aber auch klar, dass dieser skizzierte Umbruch der Gesellschaft bzw. die bewusste Veränderung der Mehrheitsmeinung in der Gesellschaft, nicht alternativlos sein muss. Die Frage, die sich Soziale Arbeit angesichts dessen stellen muss ist, "wie sie sich verhalten will gegenüber dieser mächtigen gesellschaftlich-politischen Tendenz - einer in diesem Ausmaß bislang nicht gekannten, fast dogmatisch-gläubig vollzogenen Inthronisation und Hegemonisierung des Marktprinzips als das vermeintlich nahezu universell anwendbare gesellschaftliche Steuerungsprinzips" (ebd., S. 80). Soziale Arbeit muss sich folglich zwischen zwei möglichen Polen entscheiden: "Anpassung oder Widerstand" (ebd.), wobei Anpassung dann gerne als Sachzwang und Vernunft verklausuliert und Widerstand - unter Verweis auf diese Sachzwänge und vermeintlich vernünftiges Verhalten - als nicht machbar eingeordnet wird. Ob Soziale Arbeit dabei ihrer Funktion und ihrem Gegenstand - wie beschrieben - gerecht wird, darf stark in Zweifel gezogen werden.

Die Warnungen bzw. Einschätzungen des ersten Bundeskongresses Sozialer Arbeit[56] sind damit faktisch Realität geworden. Die Antwort sollte deshalb auch die aktive Umsetzung des politischen Mandats sein. Soziale Arbeit muss, will sie ihren Gegenstand und ihre gesellschaftliche Funktion ernsthaft wahrnehmen, sich einmischen und eine radikale Praxis leben. Die "Bescheidenheit" der letzten Jahre hat offensichtlich nicht zum gewünschten Erfolg geführt, da die Situation der Sozialen Arbeit und ihrer Klienten/innen - wie dargestellt - zusehends schlechter wird. Soziale Arbeit muss sich in diesem Sinn stärker einmischen als bisher.

4.2.1 Die Notwendigkeit politischer Einflussnahme

Michael Klassen (2001) vertritt die Meinung, dass "SozialarbeiterInnen mit aller Kraft versuchen sollten, auch auf der sozialpolitischen Ebene als Sozialexperten Einfluss auf Machtstrukturen zu nehmen" (ebd., S. 75) bzw. "bei der sozialpolitischen Gestaltung der Gesellschaft mit[zu]wirken"(ebd., S77). Im Umkehrschluss würde dies auch bedeuten: Verzichtet man darauf, hätte die Kritik aus einer marxistischen Sichtweise nach wie vor ihre Gültigkeit. Diese Kritik aus marxistischer Sichtweise meint, dass Soziale Arbeit ohne politischen Anspruch lediglich eine Erfüllungsgehilfin der gesellschaftlichen Mächtigen sei und gesellschaftliche Ungerechtigkeiten zementiere (Klassen 2001, S. 75). Auch Thiersch (2002) sieht das ähnlich, wenn er feststellt, dass "Soziale Arbeit durch die Jahrhunderte hindurch immer wieder verführt wurde und sich verführen ließ - es sich also zu eigen

---

55 Emeritierter Professor am Fachbereich Sozialpädagogik der Hamburger Hochschule (HAW).

56 siehe Kapitel "Soziale Gerechtigkeit und Gerechtigkeitsprinzipien".

machte - im Namen von Moral nur die Anpassung an schlechte Verhältnisse, nur Disziplinierung und Normalisierung zu praktizieren" (ebd., S. 16).

Baum (2004) ist ebenfalls der Ansicht, dass soziale Berufe in ihrer Gesamtheit einen außergewöhnlich starken politischen Anteil haben (ebd., S. 13) und fordert auch, dass sich "[...]Sozialarbeiter im Klaren darüber sein müssen, daß sie im beruflichen Alltag in einem hohen Maße von politischen Entscheidungen abhängig sind, daß sie selbst - nolens volens[57] - Teil praktizierter Politik sind, und daß ihr berufliches Handeln wiederum unweigerlich die Politik beeinflusst" (ebd.). Jürgen Nowak (2011) geht dabei noch eine Stufe weiter. Für ihn ist es notwendig, eine "politische Theorie der Sozialen Arbeit" (ebd., S. 132ff) zu entwickeln, da der Beruf des/der Sozialarbeiters/in kein klassischer Beruf sondern eine Berufung sei, die ohne gesellschaftspolitischen Einsatz undenkbar wird. "[...] Sie kann und darf nicht 'neutral' sein, sondern [...] muss sich einmischen" (ebd., S. 132).

Engemann et al. (2007) verweisen daneben darauf, dass ein politisches Mandat insbesondere auch eine Frage des Selbstverständnisses ist: "Kann sie [die Soziale Arbeit, Anm. d. Verf.] weiterhin in der Verfeinerung ihrer Methoden und ihres Werkzeugkastens die individuellen Anpassungsleistungen von und mit Menschen erreichen, die sie letztendlich - wie zähneknirschend auch immer - traditionell als Auftrag entgegengenommen hat? Sie kann dies im Zeichen von Gesellschaften, die im Spannungsfeld von Globalisierung und Fragmentierung stehen, immer weniger" (ebd., S. 139), womit auch ein hoher Funktionär des Paritätischen Wohlfahrtsverbandes[58] der Sozialen Arbeit ein politisches Mandat zuspricht. Dieses ist aber im Sinne ihrer Klienten/innen nicht nur Auftrag der Sozialen Arbeit, auch die Klienten/innen selbst sind eigentlich nie unpolitisch, sondern oft einfach nur unzufrieden.

In diesem Zusammenhang argumentiert Thomas Wagner (2009) sehr nachvollziehbar, dass Bürger/innen bewusst politisch produktiv sein wollen, dies aber nur dann zu ihrer Zufriedenheit geschehen kann, wenn sie dazu befähigt werden. Damit ist nicht "Aktivierung" von oben herab und unter Zwang gemeint (Opielka 2007, S. 48), sondern Ermächtigung nach einem emanzipatorischen Verständnis. Anderenfalls birgt ein Versuch von

---

[57] "wohl oder übel" bzw. "notgedrungen"(http://www.redensarten-index.de/suche.php?suchbegriff=~~nolens%20volens&bool=relevanz&suchspalte[]=rart_ou [zuletzt aufgerufen am 11.08.2012]).

[58] Thomas Engemann ist Dipl. Politologe und Sozialmanager sowie Referent für bürgerschaftliches Engagement und Gemeinwesenarbeit im Paritätischen Wohlfahrtsverband, Landesverband Thüringen e.V., (LALLINGER, Manfred; RIEGER, Günter (Hrsg.): *Repolitisierung Sozialer Arbeit. Engagiert und professionell.* Stuttgart: Akademie der Diözese Rottenburg-Stuttgart, 2007, S. 149). Dass die - insbesondere christlichen - Spitzenverbände der Wohlfahrtspflege insgesamt sehr oft aber eine eher zweifelhafte Rolle spielen, wurde bei der Darstellung der Menschenrechtsdebatte in diesem BUch bereits kurz angeschnitten.

Beteiligung die Gefahr, sich von demokratischen Gesellschaftsprinzipien zu verabschieden, da beispielsweise auch der Umgang mit Frustration nur schwer möglich ist (Wagner 2009, S. 23ff). Er fasst zusammen, dass "der Zugang zu sowohl ökonomischen, kulturellen, sozialem [sic!] und damit auch zu symbolischen Ressourcen der Anerkennung, die Voraussetzung für eine aktive und zugleich kollektive Teilnahme an demokratischer Öffentlichkeit bildet" (ebd., S. 28). Bei einem politischen Mandat geht es auch um die Einsicht, dass Klienten/innen dieser Zugang verwehrt wird und dies nicht nur individuelle Nachteile mit sich bringt, sondern auch Nachteile für die demokratische Gesellschaft und ihre insgesamte Stabilität.

Wagner (2011) kommt sogar zu dem Schluss, dass "im Rahmen der von der Erosion fordistischer[59] Verteilungsprinzipien und härteren sozialen Verteilungskämpfen geprägten gesellschaftlichen Entwicklungen, Soziale Arbeit in Zukunft klassentheoretischen Fragestellungen wieder vermehrt Aufmerksamkeit schenken [sollte]" (ebd., S. 101). Er begründet dies damit, dass sich mit dem Klassenbegriff heute die Rücknahme von Bürgerrechten darstellen lässt und über seine theoretische Dimension - "trotz aller gleichzeitig notwendiger Kritik" (ebd.) - Perspektiven für "Gegenwehr" (ebd.) aufzeigen lassen.[60] Die Argumentation erscheint dabei zumindest in ihren Zielen, nämlich Gegenwehr zu den bereits beschriebenen gesellschaftlichen Entwicklungen aufzubauen, nicht abwegig - ohne als Sozialarbeiter/in unmittelbar Marxist/in werden zu müssen.

4.2.2 Die Kritik am politischen Mandat

Die Kritik an einem politischen Mandat und kritischer Sozialer Arbeit wird auch oft damit begründet, dass man Anhängern/innen - zumindest indirekt - unterstellt Marxisten/innen zu sein. Albert Mühlum (2007) spricht in diesem Kontext z.B. davon, dass er die Politisierung der Sozialarbeit in den 60er Jahren für "fatal" (ebd., S.18) hält, weil sie nach seiner Argumentation ideologisch verblendet und geprägt durch Aktionismus agierte und auch nicht vor der Instrumentalisierung der Klienten/innen zurückgeschreckt wurde (ebd.).

Es geht aktuell aber nicht um die kommunistische "Revolution" oder einen "Umsturz" - so wie man dies in den 60ern verstanden haben könnte - und noch weniger um die Durchsetzung einer Ideologie durch die Instrumentalisierung von Menschen, sondern vielmehr um die beschriebenen Grundsätze der Sozialen Arbeit und deren Durchsetzung. Mühlum

---

[59] "Fordismus meint ein ökonomisches Gesellschaftsmodell, das in den entwickelten kapitalistischen Ländern nach dem Zweiten Weltkrieg vorherrschte. Grundlage ist ein von Henry Ford 1913 entwickeltes System der Rationalisierung der Produktion durch Massenfertigung (Fließbandarbeit in der Autoproduktion)" (http://www.wirtschaftslexikon24.net/d/fordismus/fordismus.htm [zuletzt aufgerufen am 04.08.2012]), vergleiche hierzu auch Anhorn (2008).

[60] Vergleiche hierzu auch Herkommer (2008).

meint weiter: "Wer ernsthaft ein politisches Mandat behauptet, müsste zumindest sagen können, *wer* das Mandat erteilt, *wem* genau es zukommt, *was* inhaltlich gemeint ist und *wie* es ausgeübt werden kann [Hervorhebung im Original]" (ebd., S. 25). Er kritisiert damit unter anderem zu Recht, dass die Debatte bisher tatsächlich sehr abstrakt geführt wurde. Wie bereits in der Einleitung erwähnt, will diese Arbeit darum auch auf die von Mühlum genannten "W-Fragen" eingehen.

Es gibt daneben auch Autoren/innen, die der Sozialen Arbeit "ein politisches Mandat" aus anderen Gründen aberkennen. Dies geschieht erstens aufgrund eines anderen Verständnisses im Bezug auf die Frage, was darunter insgesamt zu verstehen ist: "Ob Soziale Arbeit ein politisches Mandat in Anspruch nehmen kann, hängt u.a. davon ab, wie weit oder wie eng das Verständnis von 'politisch' und 'Mandat' gefasst wird" (Kunstreich 2001, S. 121ff) oder "Soziale Arbeit hat kein 'politisches Mandat' aber einen 'professionellen Auftrag'" (Merten 2001, S. 159).

Zweitens wird der Sozialen Arbeit dabei ein politisches Mandat auch unter Verweis auf die Einschätzung abgesprochen, dass sie auch ohne politisches Mandat politisch ist bzw. sein kann (Müller 2001, S. 145), wobei es auch hier wieder um die Definition von Mandat geht: "Ein politisches Mandat hat sie aber nicht, denn Mandate sind Vertretungsvollmachten. [...] lediglich Abgeordnete haben [...] ein politisches Mandat" (ebd.). Auch Kreft (2001) teilt diese Einschätzung, wenn er argumentiert, dass Soziale Arbeit kein politisches Mandat hat, weil dieses nach dem bundesrepublikanischen Verfassungsverständnis durch Wahlen und außerdem auf Zeit übertragen wird (ebd., S. 153).

Drittens geschieht dies mit dem Hinweis auf ein reines Doppelmandat. Da so aber bereits das professionelle Tripelmandat verneint wird (u.a. Lutz 2009), wäre die Debatte um ein politisches Mandat dabei dann ohnehin obsolet. Ich teile aufgrund der bisher getätigten Überlegungen und Darstellungen diese Einschätzungen nicht, zumal sie - mit wenigen Ausnahmen - alle wenig radikal in ihrer Ablehnung sind und eigentlich alle dezidiert politische Dimensionen zulassen: "Obwohl Soziale Arbeit kein politisches Mandat hat, besitzt sie die Fähigkeit, Politik zu beeinflussen" (Müller 2001, S. 145), oder der Sozialen Arbeit zwar kein Mandat "aber 'politische Produktivität'"(Kunstreich 2001, S. 126) zusprechen.

Bei der Debatte um die Verneinung eines politischen Mandatsscheint es, als gäbe es in Teilen der Fachwelt hauptsächlich Angst vor dem Begriff, um nicht politisch irgendwie "links" und damit "negativ" verortet werden zu können. Bei der Debatte - so erscheint es zumindest - wird geschickt um den Begriff "herum geredet", auch aus Respekt vor der erwähnten historischen Dimension und dem damit unter Umständen verbundenen Versuch der ideologischen Instrumentalisierung von Klienten/innen. Auf diese völlig irrationale Furcht, die erreichten Standards der Professionalisierung durch Ideologisierung zu gefährden, wird auch in der Literatur hingewiesen (Rieger 2007, S. 86).

Nachdem nun die Notwendigkeit eines politischen Mandats allgemein dargestellt und auch auf seine Kritiker/innen eingegangen wurde, soll im Folgenden die Notwendigkeit dieses Mandats anhand dreier exemplarischer Widersprüche zwischen der bereits dargestellten Theorie Sozialer Arbeit (Gegenstand und gesellschaftliche Funktion) und der kapitalistischen Realität bzw. Praxis verdeutlicht werden. Dabei wird insbesondere auch auf das Modell des "aktivierenden Sozialstaats" und dessen Folgen für die Soziale Arbeit eingegangen.

4.3 Widersprüche zwischen Theorie und Praxis in der kapitalistischen Gesellschaft

Für Staub-Bernasconi (1995) lassen sich die Widersprüche der Sozialen Arbeit, auch im besonderen Blick auf die Praxis, als Dilemmata wie folgt beschreiben (ebd., S. 103):

- "Doppeltes Mandat von Seiten der Gesellschaft als auch seitens der Klientel und mithin unauflösbarer Widerspruch zwischen Macht als soziale Kontrolle und Hilfe;
- Dilemma zwischen ökonomischer und ökonomieumfassender, sozialer Denkweise (ökonomische versus soziale Effizienz);
- Dilemma zwischen sozialstruktureller Integration der Klientel über Arbeit, Bildung, Nachqualifizierung und umgekehrt Abfindung über Minimaleinkommen, Renten usw. im Zusammenhang mit einer sich entwickelnden 'Zweidrittelsgesellschaft';
- Dilemma zwischen sozial-normativer Integration, Resozialisierung, Normalisierung und sozialer Ausgrenzung im Sinne von Sondermaßnahmen;
- Dilemma zwischen stiller, klagloser Verwaltung des Mangels versus Öffentlichwerden im Hinblick auf die gesellschaftlichen Ursachen des Mangels;
- Einschränkung der Sozialen Arbeit auf individuelle und familiäre Notlagen vs. Ausweitung auf territoriale und funktionale Gemeinwesen;

- Lob der freiwilligen Hilfe; Attacken auf soziales Expertinnentum und parallele Forderungen nach mehr Wissenschaftlichkeit und Professionalität als Legitimation zur vermehrten Anerkennung des Berufes;
- Wunsch nach Bescheidenheit und unauffälligem Wirken im Stillen versus Forderung nach Einmischung, Anwaltschaft und politischer Relevanz" (ebd.).

Diese Dilemmata gehen einher mit der Umbildung des Sozialstaats hin zu einem "aktivierenden Wohlfahrtsstaat" (Seithe 2012a, S. 17) bzw. verschärfen sich seitdem. Das Verständnis des "aktivierenden Sozialstaates", in dem ein völlig verändertes Gerechtigkeitsverständnis zur Staatsdoktrin erhoben wird, scheint sich in Deutschland zwischenzeitlich durchgesetzt zu haben.[61]

Der aktivierende Sozialstaat dient als Antwort auf einen ursprünglichen Sozialstaat, der - so die Kritiker/innen dieses alten Systems - "zu teuer, zu inneffektiv und letztendlich schädlich ist, weil er den Selbstbehauptungswillen [...] der Menschen schwächt" (ebd.). Dies klingt schon fast wie der Verweis auf das Prinzip "Survival of the fittest[62]" als gutes und effektives Qualitätskriterium. Die Antwort der Kritiker/innen sind in der Folge menschenverachtende Aktivierungsstrategien, denen Soziale Arbeit häufig auch nicht widerspricht. Galuske (2007) warnte hier eindringlich davor, die "Erträge der letzten 30 Jahre auf der Müllhalde des Marktes abzuladen" (ebd., S. 27). Als Konsequenz forderte er auch hier, sich "fachlich und politisch" einzumischen und damit letztendlich ein politisches Mandat, auch wenn dies eine - wie er es formulierte - "teilweise schmerzhafte, ehrliche und ideologiekritische" (ebd.) Überprüfung auch der eigenen Angebote einschließt.

Obwohl diese Aktivierungsstrategien tausende Menschen betreffen, erfolgt kaum ein gesellschaftlicher Aufschrei gegen diese "law and order" Politik. Begründet ist dies darin, weil sie sich hauptsächlich "gegen Randgruppen bzw. spezifische Verhaltensweisen richten, die als entmoralisiert dargestellt werden" (Lutz 2010, S. 33), also z.B. gegen vermeintlich delinquente Jugendliche, (Langzeit)Arbeitslose, Ausländer/innen, Drogenkonsumenten/innen oder Kriminelle, allesamt die Klienten/innen der Sozialen Arbeit und in den Augen der Mehrheitsgesellschaft die "Nutznießer des Wohlfahrtstaates" (ebd.). Dass heute

[61] verwiesen sei hier unter anderem auf Dahme et al. 2007, die nicht nur Konzept und Programmatik des "aktivierenden Sozialstaats" umfassend darstellen, sondern auch auf den Gerechtigkeitsbegriff eingehen.
[62] "The individuals that are best equipped to survive and reproduce perpetuate the highest frequency of genes to descendant populations. This is the principle known colloquially as "**survival of the fittest**,[...]" (http://www.britannica.com/EBchecked/topic/575460/survival-of-the-fittest zuletzt aufgerufen am 06.08.2012]. Das Prinzip meint also das Überleben der am besten an die Umwelt angepassten Individuen.

jede/r sehr schnell zu einem/r solchen Klienten/in der Sozialen Arbeit werden kann, wird von vielen - bewusst und damit vorsätzlich oder unbewusst und damit fahrlässig - ausgeblendet. Es wird lieber davon ausgegangen, Gründe im Versagen der Opfer zu suchen, "statt das System kritisch zu befragen, das diese Ungleichheit produziert hat" (Kappeler 2007, S. 97), natürlich nur so lange eine individuelle Betroffenheit ausbleibt.

Im Folgenden möchte ich daher die Notwendigkeit eines politischen Mandats noch durch die exemplarische Beleuchtung dreier Widersprüche unterstreichen, die oft einhergehen mit der beschriebenen Aktivierungspolitik des neuen Sozialstaates der Marke "Agenda 2010" und sich teilweise auch nur schwer voneinander abgrenzen lassen.

4.3.1 Die zugedachte (soziale) Kontrollfunktion der Sozialen Arbeit

Für Soziale Arbeit sind Zwang, Kontrolle und Sanktionen keine Unbekannten, sind sie doch "häufig Bestandteil der Interaktion zwischen Professionellen und Klient" (Dahme et al. 2009, S. 45), aus der sich dann auch weitere Fragen - wie beispielsweise die nach dem Vertrauen zwischen Klienten und Sozialarbeiter/in[63] - ergeben. Ob in Arbeitsfeldern mit Kindern und Jugendlichen, in denen Grenzverletzungen pädagogisch sanktioniert werden, mit Erwachsenen, in denen Konformität erreicht werden soll (beispielweise im Hartz IV Sektor) oder allgemein in Arbeitsfeldern mit sog. "schwierigen Klienten/innen", beispielsweise im Bereich der Resozialisierung oder Psychiatrie (ebd.), "die aktuellen Diskussionen über die Wiederkehr des Zwangs in der Sozialen Arbeit thematisieren häufig diesen Aspekt" (ebd.).

Seit einigen Jahren verankert aber vor allem der - bereits angesprochene - aktivierende Sozialstaat "Kontrolle, Sanktion und Strafe systematisch in den Sozialgesetzen" (ebd.), womit diese Maßnahmen "sozialpolitisch gewollter Bestandteil modernen Regierens" (ebd.) werden. Auch die Soziale Arbeit wirkt mit ihren Angeboten in diesen Bereichen und widersetzt sich aus offensichtlich pragmatischen Gründen selten diesem Duktus, da er über Jahre nicht zur Kenntnis genommen, sondern verdrängt wurde (ebd., S. 46).

Nach Dahme et al. lässt sich die "Renaissance des Zwangs in der Sozialarbeit" nur mit diesen Veränderungen des Sozialstaates und der geringen bis nicht vorhandenen Reflexion erklären, da diese Art von Zwang eigentlich im Widerspruch zu einem modernen Verständnis von Sozialer Arbeit steht, die ihren Gegenstand und ihre Funktion so benennt, wie dargestellt.[64] "Die Sozialen Professionen sollen im neuen Sozialstaat dazu beitragen, die

---

[63] Vergleiche hierzu unter anderem Arnold 2009.
[64] Vergleiche Kapitel 2.1 ("Annährung an den Gegenstand") und 2.2 ("Gesellschaftliche Funktion").

Leistungs- und Hilfeempfänger zu einem sozialstaatlich korrekten Verhalten der Inanspruchnahme von Leistungen bewegen und sich die Ziele der Modernisierungsagenda zu eigen machen" (ebd., S. 49), also beispielsweise die Pflicht zur Arbeitsaufnahme und Weiterbildung sowie den Erhalt und Ausbau der Beschäftigungsfähigkeit (ebd.).

Inwieweit dies zum eigentlichen Aufgabenbereich Sozialer Arbeit gehört, muss mindestens in Frage gestellt werden dürfen, wenn "auch Soziale Arbeit ihren Beitrag zur Kontrolle und Wiedereingliederung von Arbeitslosen und Sozialhilfeempfängern leisten soll" (ebd., S. 50). Die Antwort hierauf wäre erneut das politische Mandat und aktiver Widerstand, schon allein aus einem professionellen Selbstverständnis heraus, denn " Soziale Arbeit sollte den Diskurs um Professionalisierung nicht ohne Bezugnahme auf dahinter stehende sozialpolitische (Gesamt-)Programmatik führen" (ebd., S. 58). Insgesamt gesehen unterwirft man sich zu schnell der Logik eines um sich greifenden Ökonomisierungswahns, auch um nicht Gefahr zu laufen, finanzielle Förderungen zu verlieren.

4.3.2 Die Ökonomisierung der Sozialen Arbeit

Michael Galuske (2007) wies darauf hin, dass "das 20. Jahrhundert - glaubt man den Analytikern der Sozialen Arbeit wie Thomas Rauschenbach und Hans Thiersch - das sozialpädagogische Jahrhundert war" (ebd., S: 9). Geprägt war dieses Jahrhundert von einer Überarbeitung sozialpädagogischer Angebote, die ursprünglich hauptsächlich auf Randgruppen hin ausgerichtet waren, hin zu einem Angebot für einen weitaus breiteren Personenkreis, dem Auf- und Ausbau einer akademischen Ausbildung, fundierten und bewussten Reflexionsstrategien und einem enormen Anstieg der Beschäftigungszahlen (ebd.). Staub-Bernasconi (2000) meint deswegen auch, dass "die Forderung nach kontrollierbarer Wirksamkeit und betriebswirtschaftlicher Effizienz die Soziale Arbeit nach Jahren der Hochkonjunktur relativ unvorbereitet getroffen hat" (ebd., S. 151).

Von dem Optimismus des von Galuske beschriebenen Jahrhunderts ist aktuell nicht mehr viel geblieben. Es gibt kaum noch Gründe, angesichts der dargestellten Entwicklungen des Sozialstaats, optimistisch auf das "zweite Sozialpädagogische Jahrhundert" zu blicken, denn dieses ist geprägt von Einsparungen sowie betriebswirtschaftlicher Modernisierung, beides zusammen oft als Ökonomisierung bezeichnet (ebd., S. 10). "Unsere Gesellschaft ist zunehmend bestimmt durch den Primat der industriellen, wirtschaftlichen und konsumbezogenen Sachzwänge. Ihnen gegenüber müssen die Aufwendungen für den Sozialbereich zurück genommen werden" (Thiersch 2002, S. 20). Auch Mühlum (2000) warnte vor über zehn Jahren: "Sozialarbeit gerät in Gefahr, ihre Funktion als Widerlager zur materialistischen Orientierung zu verspielen, wenn sie selbst 'Warencharakter' annimmt"(ebd., S. 114).

Galuske (2007) argumentierte weiter, dass trotz dieser Entwicklungen, "die Bestandsfragen für die Soziale Arbeit aufwerfen" (ebd., S. 11), die Soziale Arbeit wohl auch weiterhin gebraucht wird, um "die grassierende Unsicherheit unterhalb einer gesellschaftlichen Risikoschwelle zu halten" (ebd.). Damit beschrieb er die - von einem nicht länger gezähmten Kapitalismus zugedachte - Funktion von Sozialer Arbeit, die nicht mehr viel mit ihren Ursprüngen und noch weniger mit ihrem Gegenstand und ihrer Funktion gemein hat. Soziale Arbeit muss sich in diesem Kontext dann fragen, ob sie darin noch ihre Existenzberechtigung sieht, auch wenn sie - jenseits von ethischen Überlegungen - so natürlich existieren könnte.

Galuske skizzierte in der Folge die Konsequenzen der ökonomisierten Sozialen Arbeit (ebd., S. 23ff): "Kinder- und Jugendhilfe und Sozialpädagogik werden auf Effizienz ausgerichtete Denk- und Handlungsformen verordnet, die versuchen Hilfeprozesse im Sinne von eindeutigen Ziel-Mittel-Relationen zu standardisieren" (ebd., S. 23), ähnlich wie im Gesundheitsbereich. D.h. Individualität oder Faktoren wie Empathie und "interaktive und kommunikative Kernbereiche" (ebd.) Sozialer Arbeit finden zu Gunsten einer standardisierten Problembehandlung keine Berücksichtigung mehr. In Listen wird dann nach "Delinquentem Verhalten, Stufe 8" gesucht und der entsprechenden, maximal zulässigen Bearbeitungszeit sowie Entlohnung.[65] "Der Jargon der Beherrschbarkeit frisst den biographischen Eigensinn der Menschen und zersetzt die mühsam erarbeitete Offenheit sozialpädagogischer Zugänge zu den Lebenswelten der KlientInnen" (ebd.).

Dadurch wird Soziale Arbeit darauf beschränkt, eine festgelegte Programmatik "sozialtechnologisch umzusetzen" (ebd.). Es entsteht - hier verweist Galuske auf Thiersch (2005) - ein eigener Sozialmarkt, der "Kunden zum Objekt" (ebd., S. 24) macht, ihnen suggeriert, sie seien tatsächlich Kunden/innen, und allein deswegen vermeintlich innovativ ist, weil andauernd Neues geschaffen und Altes entwertet wird, quasi der Innovation wegen (ebd.). "Damit wird sie [die Soziale Arbeit, Anm. d. Verf.] zur nachgeordneten Agentur herabge-

[65] Diese Gefahr sieht z.B. auch Wilken (2000, S. 20f), der vor etwas über zehn Jahren aber mangels vorhandener Erfahrungen und Auswüchse, auch noch Chancen für die Soziale Arbeit in Hinblick auf die dargestellte Ökonomisierung gesehen hat. So spricht er z.B. davon, dass " das wirtschaftliche Realitätsprinzip durchaus produktive Impulse erbringen und zu einer effektiveren Strukturierung der Sozialen Arbeit führen kann" (ebd., S. 21). Unter Umständen gab es da noch die Chance, "Effektivität" für Soziale Arbeit auch in einem ökonomischen Kontext anders zu definieren, als dies aktuell getan wird, vgl. hierzu auch Erlach (2009, S. 75ff). Dass diese Vorstellung gescheitert ist, wird unter anderem dort aufgezeigt.

stuft, womit sich perspektivisch die Gefahr einer strukturellen Dequalifizierung der Profession abzeichnet" (ebd.).[66]

Der Widerspruch zwischen Hilfe und Kontrolle löst sich auf, weil die Funktion als Kontrollinstanz deutlich hervorgehoben wird (ebd., S. 25). Galuske zitierte hier Dahme und Wohfahrt (2005) mit den Worten: "Der Übergang zur Wiederbelebung einer 'schwarzen Pädagogik' oder einer 'strafenden Sozialarbeit' ist sozialrechtlich längst vorbereitet" (ebd.). Auch hier stellt sich dann erneut die Frage, ob dies noch viel mit der Funktion Sozialer Arbeit und ihrem Gegenstand zu tun hat. "Es ist schwer vorstellbar, ob die Logik einer Vermarktlichung mit der Eigenlogik einer menschenrechtsambitionierten Sozialprofession in Übereinstimmung gebracht werden kann" (Meinhold et al. 2007, S. 345).

Es entsteht zudem ein "Begriffs-Wirrwarr", da ursprünglich sozialpädagogisch geprägte Begriffe im Sinne einer neoliberalen Staatsdoktrin umgedeutet und uminterpretiert werden (ebd.). Auf diese Tatsache geht insbesondere auch Thomas Erlach (2009) in seinem Buch "Worte verändern die Welt - die Macht der Sprache in der ökonomisierten sozialen Arbeit" ein, aber auch Heite (2008) verweist darauf: "Die bedeutungsverändernde Zitation emanzipativ belegter Begriffe, Konzepte und Praktiken [...] verweist auf die wieder aufzugreifende Frage nach Möglichkeiten und Grenzen kritischer Theorien und Praktiken Sozialer Arbeit [...]" (ebd., S. 108). Erlach beschreibt in seinem Buch, wie sich die Profession einzig durch eine inhaltliche Umdeutung von Wörtern durch Dritte verändert hat bzw. verändern wird. Er geht beispielweise darauf ein, dass der Begriff "Non-Profit" mittlerweile impliziert, dass "die damit bezeichnete Arbeit keinen Gewinn für die Gesellschaft bringt" (ebd., S. 80), obwohl ursprünglich damit ein Oberbegriff für gesellschaftliche Bereiche gemeint war, die nicht gewinnorientiert und zum Wohle der Allgemeinheit arbeiten (ebd., S. 79). Erlach schlägt daher vor, auf den Begriff lieber komplett zu verzichten und besser von "Social-Profit" (ebd., S. 80) zu sprechen, um den volkswirtschaftlichen Nutzen besser erfassen zu können.

Auch der Begriff des "Empowerments" wird dabei beispielsweise bis zur "Unkenntlichkeit verwaschen" (Staub-Bernasconi 2010, S. 35, vgl. auch Weber 2009), weil der Begriff im neoliberalen Verständnis plötzlich ein Top-Down-Modell beschreibt, in dem Selbstverantwortlichkeit über allem stellt und von "Machtnahme" (ebd., S. 36) bzw. Widerstand gegen "enorme Machtkonzentration" (ebd.) keine Rede mehr ist. Staub- Bernasconi beschreibt in der Folge auch, aus welcher Richtung diese Uminterpretion stammt: "Die Bezeichnung

[66] Galuske verweist hier auf Länder wie die USA, Großbritannien oder die Niederlande, in denen der Prozess der Ökonomisierung schon weiter vorangeschritten ist als in Deutschland.

'Ermächtigung' bedeutet, [...] die Mitarbeiter [...] erhalten Macht über sich selber von außen. Erst auf Grund dieser 'äußeren Kraft' (Macht) kann sich die innere Kraft (Fähigkeit) zum Wohle des Unternehmens entfalten" (Mil 2001, S. 24, zitiert nach ebd., S. 37). Dass in der Folge eine breite Zustimmung für Empowerment entsteht, diese Idee begrüßt und das Wort inflationär gebraucht wird, dürfte nicht mehr weiter verwundern.

Für Staub-Bernasconi geschehen diese Umdeutungen deswegen, weil "diejenigen, die Machtpositionen innehaben, ein großes Interesse an einem Machtbegriff haben müssen, der ihre Macht nicht in Frage stellt, aber den Menschen die Illusion vermittelt, sie wären real oder potenziell mächtig [...]" (ebd., S. 38). Ohne hier umfassen auf das Thema "Macht" eingehen zu können, ist es wichtig, darauf zu verweisen, dass Macht nicht grundsätzlich und überall zu kritisieren ist. Im Kontext des politischen Mandats ist es sogar wichtig, über legitime und illegitime Macht nachzudenken, da, um Veränderungen zu bewirken, natürlich auch gesellschaftliche bzw. professionelle Macht notwendig ist. Anderenfalls wird "verhindert, dass darüber nachgedacht wird, wie den AdressatInnen [Sozialer Arbeit, Anm. d. Verf.] über die Erschließung von Machtquellen zu mehr Macht zu verhelfen wäre und wie die Sozialarbeitenden selber [...] mehr Macht erlangen könnten, um anwaltschaftlich bestimmte Ziele und legitime Forderungen durchzusetzen" (ebd., S. 39).

Bei all diesen Überlegungen stellt sich noch die grundsätzliche Frage, inwieweit Soziale Arbeit bzw. soziale Dienste überhaupt marktfähig sind bzw. ob Ökonomisierung nicht auch Chancen bietet. Diesen Fragen kann im Rahmen der Arbeit aber zumindest nicht ausführlich nachgegangen werden.[67] In der Literatur sind die Ansichten dazu zwar grundsätzlich unterschiedlich (vgl. hierzu u.a. Wagner 2002, Bäcker 2002), aber Seithe (2012a) benennt nach einer über einhundert-seitigen, ausführlichen Analyse - in der es u.a. auch um mögliche Chancen geht (vgl. ebd., S. 119f) - die zentrale Folge einer zu Ende ökonomisierten Sozialen Arbeit: Sie "ist nicht mehr in der Lage, ihre Wege, Ziele und Zielgruppen selber zu bestimmen. Sie wird instrumentalisiert und benutzt, um eine Gesellschaft herzustellen und aufrecht zu erhalten, in der nicht die Bedürfnisse der Menschen zählen, sondern die 'alternativlosen' Erfordernisse des kapitalistischen Marktes" (ebd., S. 237). Spätestens diese Aussicht dürfte dann - im Hinblick auf Gegenstand und Funktion - die nicht erfüllten

[67] Im Rahmen der Fragestellung der Arbeit geht es auch vielmehr um die Konsequenzen, die sich aus der aktuell stattfindenden Ökonomisierung für die Soziale Arbeit ergeben, jenseits der Diskussion, ob dies grundsätzlich eine "gute oder schlechte Idee" ist.

möglichen Chancen[68] in den Hintergrund rücken lassen und die Notwendigkeit eines politischen Mandats abermals unterstreichen.

Neben der Ökonomisierung und Kontrollfunktion sorgt der aktivierende Sozialstaat aber auch noch für einen umfassenden und dauerhaften sozialen Ausschluss von Menschen.

4.3.3 Der soziale Ausschluss von Menschen

Die Dimensionen des Ausschlusses von Menschen aus der Gesellschaft sind insgesamt vielfältig: Von Armut bzw. Armutspolitik (Buhr 2008), Arbeitslosigkeit (Ludwig-Mayerhofer 2008), Geschlecht (Bitzan 2008), Ethnie (Goetze 2008), Sexualität (Lautmann 2008) bis hin zu der Kriminalisierung von Menschen (Stehr 2008), ohne damit eine vollständige Aufzählung vorgenommen zu haben. Dabei dürften die Dimensionen der Arbeitslosigkeit und Armut aber am präsentesten sein.[69]

Michael Galuske et al. (2008) haben hierzu festgestellt: "In der Tat stehen die Harz-Reformen beispielhaft für einen fundamentalen, neoliberalen Paradigmenwechsel in der Sozialpolitik, den die internationale Sozialstaatsforschung in fast allen industrie- bzw. dienstleistungskapitalistischen Gesellschaften beobachtet und der in Deutschland im Begriff des aktivierenden Sozialstaates seine Zuspitzung findet" (ebd., S. 399). Dies bedeutet, dass eigentlich auf Unterstützung angewiesene arbeitslose Menschen und Arme nicht länger unterstützt und abgesichert werden, sondern sich einem System unterzuordnen haben, das vorgibt sie zu "fördern und zu fordern", aber in Wirklichkeit nichts anderes vermag, als sie der "Wellenbewegung der befreiten Märkte anzupassen" (ebd.).

In der Folge sprechen Galuske et al. nicht nur über die allgemeinen Folgen dieser Reformen (ebd., S. 400ff), sondern exemplarisch auch über die für die Jugendberufshilfe (ebd., S. 409f). Sie kommen zu dem Schluss, dass mit der darin nun vorgesehenen "gesetzlich verordneten Sanktionierung benachteiligte junge Menschen [...] in besonders autoritärer und durchgreifender Weise ihrer materiellen Existenzgefährdung überlassen [werden]" (ebd., S. 413). Sie weisen daneben auch darauf hin, dass in einem aktivierenden Sozialstaat Verweigerungshaltungen der Klienten/innen sozialpädagogisch als nicht mehr bearbeitbar gelten und stattdessen mit Strafe zu belegen sind (ebd). Dies führt zu "strukturell angelegter langfristiger ökonomischer und gesellschaftlicher Ausgrenzung" (ebd., S. 414). Soziale Arbeit regiert dabei bisher kaum - wie man aufgrund von Gegenstand und Funktion

[68] Vergleiche hierzu u.a. Seithe 2012a, S, 125ff.
[69] Vergleiche hierzu auch Kessel et al. (2007) und Heite et al. (2007).

annehmen könnte - mit Widerstand, sondern meist mit Anpassung - dies wird u.a. auch von Seithe (2012a) so gesehen (ebd., S. 247ff).

Alle Dimensionen sozialen Ausschlusses haben dabei die Gemeinsamkeit, dass die "aktuell dominierenden Varianten des Ausschlussdiskurses sich in vielerlei Hinsicht als hochgradig problematisch, diffus und unkritisch [erweisen]" (Anhorn 2008, S. 36). Auch das bedeutet, dass Soziale Arbeit bisher kaum schlüssige Konzepte zur Bearbeitung dieser Mechanismen vorzuweisen hat (ebd., S. 24ff), was auch nicht weiter verwunderlich ist: Ein Großteil der Dimensionen des sozialen Ausschlusses sind gesellschaftlich bzw. politisch konstruiert und damit gewollt. Eine Dekonstruktion würde bedeuten, eine ganzheitliche Sichtweise einnehmen zu müssen, so wie dies ohne politisches Mandat kaum möglich erscheint und auch durch eine systemische Sichtweise kaum erreicht werden kann.

Dies gilt im übrigen auch für "diversity politics",[70] ohne dies hier ausführlich darstellen zu können. Die Umsetzung dieses Konzepts bzw. die Integration von "diversity politics" in die Soziale Arbeit ist ohne politisches Mandat und die damit einhergehende Politisierung Sozialer Arbeit nicht möglich. Diese ist zusammengefasst der Überlegung geschuldet, dass für die Soziale Arbeit insbesondere Verschiedenheit ("Diversität") relevant ist, die sich auf Machtverhältnisse und deren Konstruktion bzw. Dekonstruktion bezieht. Das heißt, es muss Sozialer Arbeit im Bezug auf diversity politics immer um die Bewältigung und Überwindung sozialer Ungleichheiten gehen (Rommelspacher 2003, S. 70; Aschenbrenner-Wellmann 2009, S. 78). Für Soziale Arbeit muss diversity politics folgerichtig bedeuten, "[...] nicht nur Einzelne beim Versuch einer besseren Lebensbewältigung [zu] unterstützen, sondern sich gemeinsam mit ihren AdressatInnen dafür einzusetzen, Lebensumwelten so zu verändern, dass Angehörige aller Minderheiten gleichberechtigt an ihnen teilnehmen können" (Munsch 2010, S. 154), wobei dies im Kontext einer Sozialraumorientierung ebenso wie in größeren, gesellschaftlichen Zusammenhängen gilt.

Anhorn (2008) plädiert in der Folge - auch aus einer kritischen Perspektive heraus - im Übrigen für den Begriff der "Partizipation" (ebd., S. 37) an Stelle von Inklusion, da sich soziale Ausschließung dadurch als "systematische Beschränkung bzw. Vorenthaltung von Teilhabemöglichkeiten" (ebd.) definiert und damit die dem "Underclass- und Exklusions-

---

70 "'diversity politics' ist der Name eines neuen politologischen Themenfeldes, das sich der Auseinandersetzung mit heterogenen Gesellschaften, der in ihnen virulenten Probleme sowie möglichen politischen Problemlösungsstrategien widmet.[...] Diversität wird dabei nicht als natürliche oder quasi-natürliche Größe verstanden, sondern als sozial und politisch, im Zusammenhang vielfältiger gesellschaftlicher Prozesse, konstruiert." (http://www.sowi.hu-berlin.de/lehrbereiche/divpol/ [zuletzt aufgerufen am 06.08.2012]).

diskurs immanente Dichotomisierung[71] in eine Innen/Außenspaltung der Gesellschaft, in ein Alles-oder-Nichts [...]" (ebd.) überwindet. Damit ist meines Erachtens gemeint, dass die Definition über den Partizipationsbegriff auch hier wieder eine ganzheitliche Sichtweise eröffnen würde - ähnlich dem politischen Mandat - die dringend angezeigt erscheint.

Zusammengefasst kann festgehalten werden, dass ein politisches Mandat insbesondere aufgrund der neosozialen Transformation der Gesellschaft und den damit verbunden Folgen für die Klienten/innen Sozialer Arbeit als notwendig erscheint. Dies wurde auch anhand dreier Widersprüche zwischen Theorie und Praxis exemplarisch unterstrichen. Nur ein aktiv wahrgenommenes politisches Mandat und damit eine ganzheitliche Sichtweise von Problemkonstellationen kann Klienten/innen der Sozialen Arbeit nachhaltige Hilfe zukommen lassen und zugleich dafür sorgen, dass die gesellschaftlichen Ursachen für diese Probleme beseitigt werden, um nicht kontinuierlich Klienten/innen mit identischen Problemlagen zu reproduzieren. Abschließend soll daher im Folgenden noch auf die Perspektiven eingegangen werden, die sich für die Soziale Arbeit aus diesen Erkenntnissen ergeben. Es soll dabei einerseits um die Ausbildung angehender Sozialarbeiter/innen gehen, andererseits auch um die Praxis als solche und wie dort kritische Soziale Arbeit praktiziert bzw. vermittelt werden kann.

[71] Dichotomiaierung meint die "Zerlegung einer Gesamtheit in zwei Teilgesamtheiten, so dass nur zwei Ausprägungen unterschieden werden, z. B. in der Statistik nach Geschlecht (weiblich, männlich)" (http://www.enzyklo.de/Begriff/Dichotomisierung [zuletzt aufgerufen am 05.08.2012], obwohl mittlerweile davon ausgegangen wird, dass z.B. die Kategorie "Geschlecht" mehr Dimensionen als "weiblich" und "männlich" besitzt.

5. Perspektiven für die Soziale Arbeit

Seithe (2012a) geht unter der Überschrift "Was wird aus der Profession Sozialer Arbeit?" (ebd., S. 345) ausführlich auf mögliche Perspektiven für die Soziale Arbeit ein, wenn die aktuelle Entwicklung weitergedacht wird. Sie argumentiert, dass Soziale Arbeit nicht verschwinden, sich aber verändern wird und dass dies nur dann beruhigend sein kann, wenn eine Frage beantwortet wird: "Ist das, was bei dieser Veränderung herauskommt, noch die Soziale Arbeit, hinter der wir stehen?" (ebd., S. 347). Sie beschreibt als Drohkulisse zusammengefasst eine neosozial veränderte Soziale Arbeit als geprägt von (ebd., S. 347ff)

- einem massiven und nicht enden wollenden Sparkurs,
- verschlechterten Arbeitsbedingungen,
- einem völligen Rückzug des Staates aus seiner sozialen Verantwortung,
- der Transformation von sozialen Einrichtungen zu wirtschaftlichen Unternehmen,
- einem veränderten Auftrag für Sozialarbeitende: Kostensparen, verbunden mit fachfremden Definitionen von fachlichen Aspekten sowie fachfremder Zielorientierung und Erfolgsdefinition,
- einem neuen leitenden Menschenbild und einer Zwei-Klassen-Sozial-Arbeit, in der Sozialarbeiter/innen erster und zweiter Klasse unter völlig anderen Voraussetzungen arbeiten müssen,
- der Reduktion Sozialer Arbeit auf Verhaltenstraining sowie Nutzung als ordnungspolitische Instanz,
- einer Distanzierung von partizipativen Strukturen unter dem Credo: "Barmherzigkeit statt Rechte der Klientel".

Angesicht dieser skizzierten Entwicklung - die zumindest nicht abwegig erscheint, da sich einige Punkte auch heute bereits feststellen lassen[72]-, stellt sich daher abschließend die Frage, wie sich Soziale Arbeit das beschriebene politische Mandat nicht nur bewusst machen, sondern auch praktisch mit Leben füllen kann. "Nicht Macht, sondern Recht, nicht Manipulation, sondern Transparenz und Urteilsfähigkeit, nicht Ausschluss der Unterlegenen, sondern Teilhabe und Selbstbestimmung - diese demokratischen Prinzipien sind es, an denen sie [die Soziale Arbeit, Anm. d. Verf.] sich orientiert. Wenn sie dies

---

72 Vergleiche die bisherigen Kapitel.

aufgibt, verliert sie sich selbst" (Treptow 2001, S. 39). Dabei kommt es darauf an, dass die unterschiedlichen Widerstandsebenen erkannt und auch ausgehalten werden.

5.1 Die grundsätzlichen Ebenen des Widerstands

Für Seithe (2012a) ergeben sich Strategien für eine Gegenwehr auf verschiedenen Ebenen, die alle etwas miteinander zu tun haben und daneben aufeinander aufbauen (ebd., S. 405). Sozialarbeiter/innen müssen auf all diesen Ebenen aktiv werden und sich kritisch einbringen, sie bezeichnet dies als "Strategieebenen kritischer Sozialer Arbeit" (ebd.).

Dabei ist die erste Ebene die der ***"Reflexivität als Gegenbild einer sozialtechnologischen Anpassung"*** (ebd.). Damit ist gemeint, von einer bestimmten oder unbestimmten Unzufriedenheit hin zu fundierter, wissenschaftlicher Kritik zu gelangen. Dies schließt ein, Zusammenhänge zu begreifen und gesellschaftliche Hintergründe zu verstehen (ebd.). "Reflexivität fördert hier die Erkenntnis, dass es sich bei alldem um Folgen gesellschaftlicher Entscheidungen handelt [...] und nicht um irgendwelche Naturereignisse" (ebd., S. 406). Seithe weist darauf hin, dass diese Strategie vordergründig eine der Theorie und Wissenschaft sein mag, aber trotzdem auch für Praktiker/innen von Bedeutung ist: "Das Bewusstsein davon, warum bestimmte Dinge so und nicht wie gewünscht laufen, allein schon dieses Bewusstsein nimmt etwas fort von der persönlichen Belastung, und es ist eine gute Ausgangsbasis für weitere Schritte des Widerstandes" (ebd.). Hierzu ist es dann beispielsweise auch notwendig, die dargestellten Veränderungen des Sozialstaats zu verstehen und die Widersprüche der Sozialen Arbeit mit diesen Veränderungen in einen Zusammenhang bringen zu können.

Die zweite Ebene lässt sich am besten als ***Metamorphose zum offensiven Handeln*** bezeichnen, denn Seithe verweist hier darauf, dass kritisches Bewusstsein und angepasstes Handeln durchaus Hand in Hand gehen können und keine Widersprüche sein müssen (ebd., S. 407). Für sie ist daher der "alltägliche Widerstand im Kleinen gegen fachfremde und fachlich unzumutbare Anforderungen und Rahmenbedingungen in der Praxis der Sozialen Arbeit von größter Wichtigkeit" (ebd.). Dabei geht es nicht um Aktionismus und allumfassende Widerstandsstrategien, eher um eine "Zermürbungstaktik", die sich jede/r Sozialarbeiter/in zu Eigen machen kann, völlig unabhängig von einem bestimmten Arbeitsfeld. Dabei werden "die Kernaussagen und die ethischen Orientierungen, bewusst, gezielt und offensiv thematisiert, herausgefordert und sich den Tendenzen, sie zu unterlaufen und zu konterkarieren, unmissverständlich und selbstbewusst entgegen gestellt" (ebd., S. 408).

Es geht also um den dargestellten Gegenstand und die Funktion von Sozialer Arbeit und der unmissverständlichen einseitigen Parteinahme dafür. Seithe spricht hier - unter Verweis auf Galuske (2002) und Walther (2005) - von "störrischer Professionalität" (ebd.) und meint damit, Fehlentwicklungen zu unterlaufen und zu stören. Sie weist dabei natürlich darauf hin, dass dies bei Praktikern/innen "nicht nur viel Selbstbewusstsein und professionelle Sicherheit voraus setzt, sondern auch die Bereitschaft, Konflikte durch das 'störrische Beharren' hervorzurufen und durchzustehen" (ebd., S. 410). Sie nennt dafür im weiteren auch praktische Beispiele (ebd.), nimmt aber auch die Wissenschaft - also Professoren/innen und Forscher/innen - mit in die Verantwortung[73] (ebd., S. 411f).

In diesem Zusammenhang ist meines Erachtens die Vernetzung mit anderen Sozialarbeitern/innen essentiell, da gerade bei dem angesprochenen Durchstehen dieser Konflikte die Kollegen/innen am Arbeitsplatz anfangs meist skeptisch und abweisend reagieren und der Austausch mit anderen kritischen Sozialarbeitern/innen einen gewissen Ausgleich und auch seelische Unterstützung bietet. Gerade die bereits in der Einleitung angesprochenen "Arbeitskreise kritischer Sozialer Arbeit" bieten solche Möglichkeiten und entstehen nicht selten im Anschluss von thematischen Tagungen an örtlichen Hochschulen. Daneben sind die Möglichkeiten der überregionalen Vernetzung durch die modernen Kommunikationsmöglichkeiten nahezu unbegrenzt.[74] Auch Gil (2006) weist auf die Notwendigkeit und Bedeutung dieser Vernetzung hin (ebd., S. 160f): "Die Erfahrung zeigt, dass Unterstützungs- und Arbeitskreise [...] und lokale wie überregionale Netzwerke [...] radikalen Sozialarbeitern bei der Bewältigung ihrer persönlichen Schwierigkeiten und in den intellektuellen und politischen Herausforderungen ihrer Arbeit wirksam helfen können" (ebd.).

Die dritte Ebene bezeichnet Seithe als "***das politische Mandat der Sozialen Arbeit wieder aufnehmen***" (ebd., S. 412), die sich aus den ersten zwei Ebenen "mehr oder wenig ergibt" (ebd.). Die Einsicht in die "unabweisbare politische Rolle" (ebd.) der Sozialen Arbeit, und diese auch im Interesse der Klienten/innen wahrzunehmen, sind demnach Voraussetzung für ein tatsächlich politisches Handeln der Sozialen Arbeit und damit auch für die Aktivierung des politischen Mandats (ebd., S. 413).[75]

Gil (2006) beschreibt diesbezüglich, dass sich insbesondere aus gescheiterten gesellschaftsverändernden Versuchen der Vergangenheit, potentiell erfolgreiche Strategien für

---

[73] Auf die konkreten, notwendigen Veränderungen in der Lehre wird im Unterpunkt "Ansätze für Lehre und Studium"(Kapitel 5.3) noch eingegangen.
[74] Hier sei auf entsprechende Foren verwiesen, die Teilnahme an überregionalen Kongressen oder die seit kurzem existierende Facebookgruppe "Kritische Soziale Arbeit".
[75] Siehe "Handlungsorientierte Ansätze für die Praxis" (Kapitel 5.2) im weiteren Verlauf der Arbeit.

die Zukunft entwickeln lassen (ebd. S. 57). Dabei geht es nach Gil um die Unterscheidung von kurzfristigen Zielen bzw. sog. "Nothilfemaßnahmen" (ebd.) und langfristigen Zielen. "Beide Varianten erfordern jeweils eigene und unterschiedliche Strategien, die auf ihren spezifischen Zielen und Zeitperspektiven beruhen" (ebd.). Dabei sind die kurzfristigen Maßnahmen insbesondere deshalb angezeigt, um die schlimmsten Auswüchse von Ungerechtigkeiten und Unterdrückung zu verringern, was nichts anderes als die tägliche Arbeit mit den Klienten/innen Sozialer Arbeit meint bzw. die bereits erwähnte Einzelfallhilfe, die ja wegen der Notwendigkeit des politischen Mandats nicht ihrerseits ihre Notwendigkeit verliert.

Langfristige "Visionen von gerechten und unterdrückungsfreien Gesellschaften" (ebd., S. 60), wie Gil es bezeichnet, lassen sich auch nicht von heute auf morgen realisieren. Insofern unterscheidet sich Gils Verständnis von gesellschaftlichen Veränderungsprozessen auch eklatant vom beispielsweise marxistischen Verständnis: Der Aufruf zur Revolution ist nicht vorhanden. Vielmehr ist "ein langer Prozess nötig, der die gegenkulturelle Bildung von kritischem Bewusstsein beinhaltet [...]" (ebd.), vergleichbar mit der "ersten Ebene" nach Seithe, aber mit einem großen Unterschied: Gil sieht hier insbesondere auch soziale Bewegungen - in der sich Sozialarbeiter/innen engagieren müssen - in der Verantwortung und geht über die rein fachliche Dimension der Arbeitsfelder hinaus.[76]

Gil beschreibt neben dieser eher langfristig angelegten Strategie auch sog. "Übergangspolitiken" (ebd., S. 121ff), die sich aber dezidiert auf die amerikanische Gesellschaft beziehen und daher kaum übertragbar sind und im Folgenden nicht als eigener Punkt aufgegriffen werden. Daneben plädiert er aber für eine "radikale Praxis für Gesellschaftsveränderung" (ebd., S. 135) und führt neben "theoretischen und philosophischen Perspektiven und Praxisprinzipien" (ebd.) - die sich im Weitesten in den letzten Kapiteln wiederspiegeln - auch konkrete, handlungsorientierte Beispiele für eine radikale Praxis auf.

5.2 Handlungsorientierte Ansätze für eine kritische Praxis

Seithe (2012a) nennt konkret einzelne Orientierungen und Handlungsansätze (ebd., S. 413ff), die sich für sie aus der dritten Widerstandsebene ergeben:

- Die Parteilichkeit mit dem Klientel der Sozialen Arbeit;
- Die Aufklärung über das neosoziale Projekt;

[76] Diese Transformationsstrategien werden von Gil ausführlich beschrieben (ebd., S. 57 - 113) und können in dieser Ausführlichkeit hier nicht dargestellt werden.

- Die Durchführung alternativer Projekte Sozialer Arbeit, z.B. der "solidarischen Ökonomie" bzw. "Gemeinwesenökonomie";
- Die Notwendigkeit eines solidarischen und vernetzen, politischen Handelns.

Für Nowak (2011) wiederum sind hier insbesondere drei handlungsorientierte Strategien erfolgsversprechend (ebd., S. 134):

- Die aggressive Gemeinwesenarbeit;
- Soziale Bewegungen durch gesellschaftspolitische Netzwerkarbeit;
- Gesellschaftspolitisches Engagement vorwiegend im zivilgesellschaftlichen Sektor.

Gil (2006) beschreibt sein Verständnis von radikaler Praxis hingegen sehr konkret anhand eines Beispiels aus dem Bereich der Familienhilfe (Kindeswohlgefährdung)[77] (ebd., S. 143ff). Da dieses dabei schlüssig, nachvollziehbar und vor allem übertragbar erscheint, soll es im Folgenden zusammengefasst dargestellt werden. Wenngleich es im ersten Moment durchaus kontrovers erscheinen mag, beschreibt Gil hier, wie "in der konkreten Praxis, nach [...] den Praxisprinzipien radikaler Sozialarbeit gehandelt werden kann" (ebd., S. 143).

5.2.1 Praxisbeispiel für radikale Sozialarbeiter/innen

Gil beschriebt in diesem Beispiel, dass viele Sozialarbeiter/innen die Ursache für Misshandlung und Verwahrlosung von Kindern primär in den persönlichen Eigenschaften der Erziehungsberechtigen - also im Regelfall der Eltern oder eines Elternteils - suchen und ihnen in der Folge die Verantwortung für die Ereignisse geben (ebd.). Ohne eine nachhaltige Veränderung besteht für die Eltern die Gefahr, ihr Sorgerecht zu verlieren, verschiedene Maßnahmen können im Vorfeld natürlich greifen und diese mögliche Folge noch abwenden (in Deutschland Sozialpädagogische Familienhilfe (SPFH) etc.).

Gil argumentiert weiter, dass Sozialarbeiter/innen in diesen Fällen dennoch "explizit oder implizit puntive und bedrohliche Botschaften an die Eltern" transportieren (ebd.). Duttweiler (2007) bezeichnet dies als "neoliberale Subjektivierung" (ebd., S. 261), die in

[77] "Juristisch gesehen handelt es sich bei dem Begriff der Kindeswohlgefährdung um einen unbestimmten Rechtsbegriff. Obwohl sich viele Extremsituationen vorstellen lassen, wo im Falle von Vernachlässigungen oder Misshandlungen sofort Konsens in Bezug auf eine Gefährdung des Wohls herzustellen ist (z.B. wenn eine allen ersichtliche und offensichtlich unmittelbare Gefahr für Leib und Leben eines Kindes besteht), sind in vielen Fällen Interpretationsspielräume gegeben. Münder, Mutke & Schone (2000, S. 47) nehmen in ihrer Studie zur familiengerichtlichen Praxis im Kontext von Kindeswohlgefährdungen eine Kategorisierung vor, in der beim Begriff Kindeswohlgefährdung vier zentrale Formen unterschieden werden."(Forschungsverbund Deutsches Jugendinstitut/Technische Universität Dortmund 2009). Vgl. http://www.akjstat.tu-dortmund.de/fileadmin/Analysen/Kita/kinder_in_not.pdf [zuletzt aufgerufen am 03.08.2012].

vielen Beratungskonstellationen vorkommt. Zu diesen Botschaften gehören nach Gil auch die Hinweise auf entsprechende Maßnahmen bis hin zu der Herausnahme von Kindern aus der Familie (ebd., S. 144) bzw. wird die Anwesenheit des/der Sozialarbeiters/in an sich bereits subjektiv als Bedrohung empfunden. "Diese Botschaften implizieren, dass die Gesellschaft 'gut' sei, sich um Kinder kümmere und sorge und schuldlos an deren Lebensumständen sei" (ebd.). Gil verneint dies und argumentiert, dass die Gesellschaft bzw. die herrschende Sozialpolitik Familien tausendfach zu Lebensumständen verdammt, die eine gute Kindererziehung nahezu unmöglich machen (ebd.). In der Folge geht er auf das Verständnis von radikaler Sozialarbeit im Kontext dieses Beispiels ein (ebd, S. 144ff):

- Kindesmisshandlungen werden von radikalen Sozialarbeitern/innen als Gegengewalt von Eltern bzw. Elternteilen aufgefasst, die damit auf die ihrerseits erfahrene gesellschaftliche Gewalt reagieren.
- In der Folge sind nicht nur Sicherheit und Wohlergehen der Kinder Inhalt der Tätigkeit, sondern auch der Eltern bzw. des Elternteils.
- Ziel ist es, nicht nur Misshandlung und Verwahrlosung an sich zu verhindern, sondern auch die ursächlichen Dynamiken zu erkennen und Eltern bzw. Elternteile in entsprechende soziale Bewegungen zu involvieren, die "auf die Überwindung gesellschaftlicher Gewalt, der Wurzel von Misshandlungen Menschen jeglichen Alters, zielen" (ebd., S. 145).

Gil weist dabei darauf hin, dass auch radikale Sozialarbeiter/innen die Misshandlung von Kindern weder verharmlosen noch tolerieren und dies so auch vermitteln, dabei aber auf die bereits erwähnten, für Eltern bzw. Elternteile subjektiv als bedrohlich empfundene Botschaften verzichten, um "den Teufelskreis gesellschaftlicher Gewalt und Gegengewalt" (ebd., S. 144) zu durchbrechen. Gil stellt auch klar, dass "radikale sozialarbeiterische Praxis im Kinder- und Jugendbereich aufgrund der Einzigartigkeit jedes Falls" (ebd., S. 145) zwar kaum generalisiert werden kann, beschreibt aber dennoch generelle Themen bzw. Vorgehensweisen:

- Eltern bzw. Elternteile sollen von Anfang an über ihre Kinder, ihre eigenen Lebens- und Arbeitsbedingungen und vor allem die vorhandene Verbindung reflektieren und sprechen (ebd.).
- Der Konflikt der Eltern zwischen der Liebe zu ihren Kindern und den eigenen, belastenden Bedingungen und Realitäten findet Anerkennung (ebd.).

- Sozialarbeiter/innen stellen gegenüber den Eltern dar, dass sie in ihrer Situation unter Umständen auch nicht besser für die Kinder sorgen könnten und suchen gemeinsam nach Wegen, Belastungen in unterschiedlichen Lebensbereichen zu reduzieren (ebd.).
- Die Sozialarbeiter/innen teilen ihre politische Perspektive mit den Eltern bzw. dem Elternteil, d.h. "Zurückweisung der Werte und Politiken, die die herrschenden Bedingungen, Ungerechtigkeiten, Unterdrückung und Bedürfnisfrustration formen und aufrechterhalten" (ebd.).

Dabei ist Authentizität unabdingbar, die das bereits dargestellte Bewusstsein zwingend voraussetzt; es soll also kein Schauspiel stattfinden. Ziel ist es, dass "die Eltern ihre Verteidigungshaltung verlassen, Schuldgefühle zurückstellen und die Liebe zu ihren Kindern [...] erklären" (ebd.) und dabei ihren Ärger auf die eigentlichen Ursachen - die Quelle ihrer Misshandlungen - neu ausrichten (ebd., S. 146).

Dabei lässt sich dies nach Gil auch auf weitere Arbeitsfelder der Sozialen Arbeit erweitern - also neben der Kinder-, Jugend- und Familienhilfe - auch z.B. auf Schulsozialarbeit, Bewährungshilfe oder Gefährdetenhilfe. Abschließend fasst Gil die Themenkomplexe noch systematisch zusammen (ebd., S. 147f) und weist darauf hin, dass es für radikale Praxis keine Blaupause gibt, sondern allgemeine Leitlinien, die in unterschiedlichen Settings von engagierten Praktikern/innen angepasst werden müssen (ebd., S. 148).

In diesem Kontext wäre es äußerst spannend, empirisch zu überprüfen, in welchen Arbeitsfeldern überhaupt mit Klienten/innen gesellschaftliche Ursachen für ihre Situation und ihre Probleme thematisiert werden und wenn ja, wie dies geschieht und ob dies zu den beschriebenen Erfolgen führen kann. Gils Beispiel scheint jedenfalls im Hinblick auf die praktische Ausgestaltung des politischen Mandats zumindest als gangbare Möglichkeit für die Praxis. Seithe (2012a) bezeichnet dies als "Ganzheitliche Sichtweise von Individuum und Gesellschaft" (ebd., S. 64) und verweist darauf, dass dies beispielsweise auch nicht im Widerspruch zu einer korrekt verstandenen Lebensweltorientierung steht (ebd., S. 65). Dass es an diesem Praxisverständis aber auch Kritik gibt, ist nicht von der Hand zu weisen, daher soll im Folgenden auf diese eingegangen werden.

5.2.2 Kritik an kritischer Sozialer Arbeit

Seithe (2012a) geht auf die Frage ein, ob kritische Soziale Arbeit berechtigte Kritik darstellt oder nur Symbol der "Verfechter des ewig Gestrigen" (ebd., S. 403) ist. "Den Kritikern der neosozialen Veränderungsprozesse in der Sozialen Arbeit wird häufig vorgeworfen, das Gestern zurück haben zu wollen" (ebd.). Sie widerspricht darin den Kritikern/innen in mehreren Dimensionen.

Erstens geht es nicht um eine grundsätzliche Ablehnung oder Leugnung des Effektivitätsbegriffs (wie dies gerne von Seiten der Befürworter der Ökonomisierung vorgebracht wird), sondern um die Tatsache, "dass die Profession selbst auf die effiziente und wirkungsvolle Gestaltung ihrer Arbeitsvollzüge bestehen muss" (ebd.). Dabei kommt es aber darauf an, dies im Einzelnen aus der professionellen Fachlichkeit heraus zu bestimmen und nicht einem von extern auferlegten "Effiziensdiktat" (ebd.) zu opfern.

Es geht kritischer Sozialer Arbeit auch nicht um eine grundsätzliche Ablehnung von Managementkonzepten für die Soziale Arbeit, denn diese "müssen keineswegs notwendig zu einer Verwerfung von Kernaufgaben und Kernidentitäten Sozialer Arbeit führen" (ebd., S. 404) Genau dies geschah aber über die Einführung der "Neuen Steuerung"[78] im Zusammenhang mit einer Umsteuerungspolitik, die diese Verwerfung aktiv mit bezweckt (ebd.). Es geht auch nicht darum - wie bereits erwähnt - das Lebensweltkonzept in Frage zu stellen oder gar abzulehnen, da dieses ja richtigerweise auf "kompromisslose Ermächtigung und Bemündigung, also Aktivierung ihrer [der Sozialen Arbeit, Anm. d. Verf.] Klientel" abzielt (ebd.). Aber dieses Verständnis hat rein gar nichts mit dem neoliberalen Verständnis von Aktivierung zu tun, Seithe bezeichnet dies als "ideologische Aushebelung" (ebd.).

Sie geht auch darauf ein, dass kritische Sozialarbeiter/innen keinesfalls den alten, fordistisch geprägten Sozialstaat zurück haben wollen, da auch dieser kein "Land von Milch und Honig" war. Was man aber zurück fordern muss, ist der sozialpolitische Kern dieses ehemaligen Sozialstaats, der durch die dargestellten Veränderungen "hinweggefegt" (ebd.) wurde. Dieser soziale Diskurs hat sich nicht allein deshalb erledigt, "weil ihn einige als erledigt betrachten" (ebd.). Dass es daneben auch nicht um den Missbrauch von Klienten/innen im Sinne einer kommunistischen Weltrevolution geht, wurde bereits dargestellt.[79]

Im Folgenden sollen noch abschließend die notwendigen Veränderungen in der Wissenschaft dargestellt werden, um auch Sozialarbeiter/innen ausbilden zu können, die das dargestellte politische Mandat ausführen können bzw. über das angesprochene "Bewusstsein" verfügen. Das endbindet natürlich nicht seit längerem fertig ausgebildete Sozialarbeiter/innen davon, sich mit dem Dargestellten zu beschäftigen.

---

[78] Vergleiche hierzu http://einmischen.info/joomla2.5/index.php/oekonomisierung-der-sozialen-arbeit/diskussion-nicht-fachkraefte-okonomisierung/432-vermarktlichung-der-sozialen-arbeit-wie-kam-das-eigentlich-damals-dazu [zuletzt aufgerufen am 04.08.2012}

[79] Vergleiche Kapitel 4.1.3 ("Kritik des politischen Mandats").

5.3 Ansätze für Lehre und Studium

Gil (2006) geht darauf ein, dass Ausbildungsstätten für Sozialarbeiter/innen - also im Regelfall Hochschulen oder Universitäten - ihre Studierenden oft ausschließlich im Einklang mit den Vorstellungen der Praxis und der Aufrechterhaltung des Status Quo vorbereiten (ebd., S. 148). Er argumentiert - auch aus eigener Erfahrung als Professor - dass eine Integration der Prinzipien radikaler Sozialer Arbeit sowohl in Einrichtungen der Praxis, als auch in den Ausbildungsstätten selbst "möglich ist, obwohl sie weder einfach, noch kosten- oder risikofrei ist" (ebd.).

5.3.1 Hochschulen als Reproduzenten sozialer Ungleichheit

Gil verweist darauf, dass "Hochschulen [...] wichtige Komponenten in unterdrückenden und ungerechten Gesellschaften sind" (ebd., S. 149):

- Sie erleichtern die Aufrechterhaltung und ideologische Rechtfertigung elitärer Gesellschaftsordnungen und erschaffen - ob bewusst oder unbewusst - neue Mitglieder dieser Eliten. Damit bezieht sich Gil zwar insbesondere auf das amerikanische Bildungssystem, aber die Kritik ist auch für das deutsche, spätestens seit dem Versuch, Studiengebühren auch hier flächendeckend einzuführen, oder der Schaffung der "Exzellenzinitiative"[80] der Bundesregierung, bestimmt nicht abwegig.
- Daneben sind ihre internen Praktiken in den Fragen des Studierenden-Lehrenden Verhältnisses zumindest teilweise unterdrückend und ungerecht, so in Deutschland z.B. bei der Selbstverwaltung der Hochschulen und Universitäten: Beispielsweise sitzen zwei Studierende im Fakultätsrat einer ungleich größeren Zahl an professoralen Mitgliedern gegenüber.[81]

Gil verweist hier darauf, dass "Lehrende, wenn sie über Ungerechtigkeit und Unterdrückung sprechen und lehren, die ungerechten und unterdrückenden Aspekte ihrer eigenen Institution anerkennen und analysieren [müssen]" (ebd.). So lange eine Benotung notwendig erscheint, sollen Seminare und Lehrveranstaltungen laut Gil in "befreite Räume" (ebd.)

---

[80] Universitäten und Hochschulen können sich mit Projekten um zusätzliche Finanzmittel bewerben, die ihnen bei Erfolg - neben der Grundfinanzierung durch die Länder - vom Bund zur Verfügung gestellt werden. Da von dieser Förderung nicht alle Universitäten und Hochschulen gleichermaßen profitieren, wird so auch in Deutschland ein Modell geschaffen, dass zumindest indirekt "Elite-Universitäten" entstehen lässt. (http://www.bmbf.de/de/1321.php [zuletzt aufgerufen am 05.09.2012])

[81] Vergleiche hierzu unter anderem die Zusammensetzung der Gremien der akademischen Selbstverwaltung der Georg-Simon-Ohm Hochschule Nürnberg unter http://www.ohm-hochschule.de/seitenbaum/hochschule/leitung-und-organisation/gremien/page.html [zuletzt aufgerufen am 05.08.2012].

im Rahmen der akademischen Freiheit verlagert werden: Studierenden muss die alleinige Verantwortung für ihr Studium übertragen werden und Lehrenden bleibt nach Gil in diesem Kontext hauptsächlich die Aufgabe der gemeinsamen Evaluation der Lernprozesse mit ihren Studierenden.

"Die Rolle der Lehrenden in einem nicht unterdrückenden Kontext muss die eines Vermittlers, eines Ratgebers und einer Ressource sein, d.h. die Rolle eines nichtautoritären, kritischen Begleiters, und nicht länger die des 'Experten'" (ebd.). Gil spricht hier davon, dass Studierende dieses sich daraus ergebende Dilemmata zwischen Freiheit und Verantwortung unbedingt selber erfahren und erforschen müssen, um wichtige Aspekte für ihr eigenes künftiges Verhalten in den Arbeitsfeldern der Praxis im Sinne einer kritischen Sozialen Arbeit erfahren zu können. "Unter solchen Bedingungen kann Ausbildung zu einer wirklich befreienden Erfahrung werden" (ebd.). Dieser Ansatz entbindet Lehrende nach Gil im Übrigen nicht von ihrer Führungsverantwortung, sondern soll lediglich Klarheit über die jeweilige Funktion im gemeinsamen Hochschulbetrieb schaffen (ebd., S. 150).

Ein Grund für den kaum Vorhanden Widerstand der Sozialen Arbeit gegen die dargestellten gesellschaftlichen Veränderungsprozesse zum Nachteil ihrer Klienten/innen, ist also in der Ausbildung von Sozialarbeitern/innen auszumachen. Auch Opleika (2007) geht davon aus, dass der Grund für die Depolitisierung der Profession Soziale Arbeit insbesondere in der Ausbildung liegt, da, obwohl weder Praktiker/innen noch Professoren/innen die bewusste Abwertung des sozialen Status ihrer Klienten/innen bzw. der Klienten/innen der Sozialen Arbeit wollen, dennoch "zu wenig politische Reflexivität gelehrt und kommuniziert wird" (ebd., S. 44). Insofern sind die Ziele der Ausbildung entsprechend zu ergänzen.

5.3.2 Ziele und Dilemmata kritischer Ausbildung

Die Ziele einer radikalen Ausbildung in der Sozialen Arbeit sind die gleichen wie bei der radikalen Praxis: Entdeckung und Entwicklung kritischen Bewusstseins und die Erkenntnis für angehende Sozialarbeiter/innen, ein " potenziell kreatives, produktives und selbstbestimmtes menschliches Wesen in Bezug zur Gemeinschaft, Gesellschaft und Natur" (ebd.) zu sein. Dieser von Gil vorgeschlagene Ausbildungsstil beruht auf der Annahme, dass Gegenrealität zu einer Realität außerhalb der Hochschule geschaffen werden kann, um später auch in der Lage zu sein, aus eigener Erfahrung heraus Modelle der Selbstbestimmung, die gegen Unterdrückung und Kontrolle gerichtet sind, nicht als bloße Utopie zu begreifen und damit eine Umsetzung erst gar nicht in Betracht zu ziehen (ebd.).

Gil verweist abschließend auf zwei mögliche Dilemmata, die sich aus dieser Philosophie ergeben können: Das Erste bezieht sich auf die Studierenden und die faktische Abwesenheit von Kontrolle, also im Regelfall dem genauen Gegenteil zu ihren Erfahrungen aus dem Schulsystem. Die Reaktionen bewegen sich laut Gil - wiederum aus seiner Erfahrung als Professor begründet - in einem Spannungsfeld, "dessen einer Pol aus Frustration, Unsicherheit und Hilflosigkeit besteht, und dessen Gegenpol konstruktives, bereicherndes Lernen und persönliche Weiterbildung ist" (ebd., S. 151). Die Erfahrungen mit seinen Studierenden haben ihn aber nach eigener Aussage zu einer konsequenten Umsetzung dieses Ansatzes bewogen, nicht ohne anfänglich selbst Befürchtungen und Zweifel gehabt zu haben (ebd.).

Das größere Dilemma sind für Gil bei der Einführung radikaler Ausbildung die möglichen Spannungen und Konflikte mit Kollegen/innen (ebd., S. 151). Hier verweist Gil zu Recht auf die "akademische Freiheit" und die Tatsache, dass anfängliche - teils auch vehemente - Ablehnung zumindest zu Toleranz bei diesen Kollegen/innen führt, vor allem wenn die Studierenden darauf positiv reagieren. Er behauptet aber auch nicht, dass "es einfach ist, mit diesem Dilemma umzugehen" (ebd.).

Die wesentlichen Themen in einer radikalen Ausbildung ergeben sich für Gil aus den dargestellten Prinzipien kritischer Sozialer Arbeit (ebd.) und zudem aus den sozialen, ökonomischen, kulturellen, politischen und ideologischen Lebenszusammenhängen und deren Veränderung anhand eines neoliberalen Leitbildes (ebd., S. 152). Daneben resultieren sie "selbstverständlich aus Sozialpolitik" und dem, was z.B. an der Georg-Simon-Ohm Hochschule als OTIS (Organisationen, Träger, Institutionen Sozialer Arbeit) bezeichnet wird (ebd.), nur vielmehr unter dem Blickwinkel der dargestellten Veränderungen und ihren Auswirkungen, nicht unter dem Aspekt, warum man sich damit abfinden muss. Außerdem spielen noch "wissenschafts- und forschungsphilosophische Ansätze" (ebd.) eine Rolle, die zur Überprüfung der zu Grunde liegenden theoretischen Perspektive kritischer Praxis geeignet sind. "In diesem Sinne ist radikale Orientierung keine Negation der konventionellen Ansätze, die hauptsächlich 'erste Hilfe' und kurzfristige Lösungen fokussieren, sondern ihre Erweiterung" (ebd., S. 153).

Zusammengefasst kann festgehalten werden, dass auch in der Ausbildung von Sozialarbeitern/innen an Hochschulen Veränderungen notwendig erscheinen, um ein politisches Mandat erfolgreich umsetzen zu können. Damit soll nicht verneint werden, weiterhin Methodenwissen zu vermitteln, aber auch gesellschaftliche Ursachen klienteler Probleme müssen stärker thematisiert werden um Widerstand als notwendig zu begreifen. Daneben muss auch ein Umdenken bei den Professoren/innen im Hinblick auf ihr eigenes Rollenverständnis erfolgen und bevor Ungerechtigkeit in der Gesellschaft thematisiert wird, diese zunächst stärker an der eigenen Institution Hochschule bekämpft werden, um nicht inkonsequent, sondern authentisch zu sein. Das Widerstand in der Praxis möglich ist wurde ebenso dargestellt wie die Tatsache, das kritische Soziale Arbeit berechtigte Kritik und kein Utopie ist.

6. Resümee

Seithe (2012a) fasst gegen Ende ihres Buches "Schwarzbuch Soziale Arbeit" drei wesentliche und notwendige Erkenntnisse und Haltungen bei Wissenschaftlern/innen und Praktikern/innen als Voraussetzung für die Umsetzung des politischen Mandats - "(Re)Politisierung und (Re-)Solidarisierung" (ebd., S. 422), wie sie es formuliert - zusammen:

- "Die Erkenntnis, dass die gegenwärtigen Probleme der Klientel sowie die der Profession von Menschen gemacht sind und keine unabwendbaren Naturgewalten darstellen,
- die Bereitschaft, sich zu wehren, sich für die eigenen Interessen und Rechte einzusetzen und sich nicht anzupassen, sich nicht treiben zu lassen, sei es aus Pragmatismus, aus Faulheit oder aus Angst,
- die Bereitschaft und Fähigkeit, sich mit Menschen gleicher Interessenlage und gleicher Gesinnung zusammen zu tun und gemeinsam gegen die bestehenden Missstände anzugehen" (ebd.).

Sie konstatiert ferner, dass dieses Wissen um die Umsetzung aufgrund einer mehrheitlich gegenteiligen Praxis und Lehre in den letzten Jahrzehnten kaum noch vorhanden ist und in der Folge "neu [zu] erschaffen, zu vermitteln und zu erarbeiten ist" (ebd.).

Warum dies als notwendig erscheint, wurde in diesem Buch dargestellt. Ausgehend von den eingangs aufgeworfenen zentralen Fragestellungen (Welche Perspektiven hat die Profession Soziale Arbeit im Kapitalismus angesichts der Zustände der Gesellschaft und ihrer eigenen Verortung? Wie kann sie nachhaltig und qualitativ in Ausbildung und Praxis agieren? Warum braucht sie ein politisches Mandat?) wurde dabei zunächst eine Begriffsdefinition von "Mandat" und "politisch" vorgenommen. Hier konnte gezeigt werden, dass der Begriff "Mandat" auch für Soziale Arbeit als geeignet erscheint und sich die Profession Soziale Arbeit neben dem doppelten ein drittes Mandat selbst gibt, das ihr auch nicht erst von Dritten zugestanden werden muss. Als wesentlicher Bestandteil dieses dritten Mandats konnte dabei ein Ethikkodex bestimmt werden. Bei der Klärung von "politisch" wurde anschließend herausgearbeitet, dass es im Hinblick auf die Profession Soziale Arbeit bei "politisch" insbesondere um Werte und Zielvorstellungen geht und nicht um einen oftmals eher negativ besetzten Politikbegriff.

Ausgehend von diesen grundsätzlichen Feststellungen wurden die Werte und Zielvorstellungen dann über die Frage nach dem Gegenstand und der Funktion Sozialer Arbeit konkretisiert. Für die Gegenstandsfindung ließ sich feststellen, dass es scheinbar keine kurze und prägnante Gegenstandsformulierung gibt und daneben eine Trennung in zentrale und periphere Bereiche als schwierig erscheint. Für den konkreten Gegenstandsbereich Sozialer Arbeit konnte als wesentlich festgehalten werden, dass als Grundlagen die Prinzipien der Menschenrechte und der sozialen Gerechtigkeit gelten.

Ausgehend von diesen Klärungen wurde im Folgenden die gesellschaftliche Funktion Sozialer Arbeit im Kontext eines politischen Mandats herausgearbeitet. Dabei erschien der Verweis auf systemtheoretische Ansätze als nicht zielführend, da hier die gesamtgesellschaftlichen Ursachen für klientele Probleme zu oft außen vor bleiben. Daher wurde im weiteren Verlauf nicht weiter auf die Systemtheorie eingegangen, da das politische Mandat gerade auch Machtstrukturen und soziale Ungleichheiten thematisieren muss, was die Systemtheorie nicht leisten kann. In der Folge wurde als gesellschaftliche Funktion der Sozialen Arbeit herausgearbeitet, dass diese den sozialen Wandel hin zu mehr sozialer Gerechtigkeit fördern und dadurch auch soziale Probleme lösen will. Als zentral wurde auch festgestellt, dass Sie eine gesellschaftsstabilisierend Funktion inne hat und dabei Teilhabemöglichkeiten gewährleisten bzw. Teilhabeprobleme beseitigen und damit auch gegen soziale Ungleichheit wirken soll.

Im weiteren Verlauf der Untersuchung wurde näher auf die Prinzipien der sozialen Gerechtigkeit und der Menschenrechte eingegangen. Es wurde dargestellt, warum für die Soziale Arbeit das Leistungsprinzip im Sinne einer gesellschaftsstabilisierenden Funktion nicht als gerecht gelten kann, die Soziale Arbeit in dieser Frage eine Gestaltungsverantwortung hat und die Menschenrechtsdebatte als logische Weiterentwicklung bezeichnet werden kann. Hierbei wurde aber auch herausgearbeitet, dass der Verweis auf eine Realutopie wie die Menschenrechte nicht ausreicht, um im Sinne der Klienten/innen (sozialen) Problemen begegnen zu können. Es konnte dargestellt werden, dass zur Durchsetzung der Grundlagen Sozialer Arbeit ein politisches Mandat als notwendig erscheint. Als zentral wurde dabei festgestellt, dass dieses insbesondere deswegen notwendig ist, weil Probleme der Klienten/innen oft durch Entscheidungen der Politik generiert werden. In der Folge wurde das notwendige politische Mandat für die Soziale Arbeit definiert: Zur ehrlichen und ernsthaften Wahrnehmung und Durchsetzung der gesellschaftlichen Funktion sowie ihres Gegenstands, muss Soziale Arbeit (sozial)politischen Fehlentscheidungen aktiv in Theorie und Praxis entgegentreten und zudem durch eine kritische Praxis in den Arbeitsfeldern auch die Menschen selbst zum aktiven Widerstand und zur nachhaltigen Verbesserung ihrer Situation befähigen. Dabei wurde ebenfalls festgehalten, dass dies nicht bedeutet, Klienten/innen nicht länger benötigte individuelle Hilfe zukommen zu lassen, sondern dieses Verständnis des politischen Mandats insbesondere eine ganzheitliche Sichtweise eröffnet.

Im weiteren Verlauf wurden die neosozialen Veränderungen der Gesellschaft dargestellt und warum auch hierbei Soziale Arbeit politische Einflussnahme im Sinne ihrer Klienten/innen betreiben muss und damit auch aus diesem Grund ein politisches Mandat notwendig erscheint. Dabei wurde auch auf die Kritiker/innen eines politischen Mandats eingegangen. Als Resümee konnte festgehalten werden, dass es dabei in der Fachwelt hauptsächlich eine irrationale Furcht vor dem Begriff "politisches Mandat" an sich zu geben scheint, um nicht politisch in einer linken Ecke verortet zu werden. Die Notwendigkeit eines solchen politischen Mandats wurde in der Folge nochmals exemplarisch unterstrichen durch drei Widersprüche zwischen Theorie und Praxis in der kapitalistischen Gesellschaft. Dabei wurde insbesondere auf den aktivierenden Sozialstaat und die Aufgaben, die dieser für die Soziale Arbeit vorsieht, Bezug genommen. Es konnte dargestellt werden, dass diese zugedachten Aufgaben allesamt im Widerspruch zum Gegenstand und zur Funktion Sozialer Arbeit stehen, wie sie in diesem Buch herausgearbeitet wurden. Abschließend wurden Perspektiven für die Soziale Arbeit aufgezeigt: Ausgehend von den unterschiedlichen Widerstandsebenen wurde auf handlungsorientierte Ansätze eingegangen und diese anhand eines Praxisbeispiels dargestellt.

Dass insbesondere auch im Feld der Lehre eine Revolution stattfinden muss, zeigt dabei nicht nur z.B. die Wahlbeteiligung an den Hochschulwahlen in der Fakultät Sozialwissenschaften der Georg-Simon-Ohm Hochschule Nürnberg.[82] Bei den Hochschulwahlen 2012 gingen nach amtlicher Bekanntmachung nicht einmal 20% der angehenden Sozialarbeiter/innen zur Wahl, um ihre Vertretung demokratisch mit zu bestimmen, die sich um ihre ureigenen Interessen an der Fakultät kümmert. Hier könnte natürlich argumentiert werden, dass dies einfach ein Abbild der deutschen Gesellschaft sei, in der sich auch Sozialarbeiter/innen befinden, aber die Profession darf - wie dargestellt - nicht unpolitisch sein.

Diese damit einhergehende Einstellung angehender Sozialarbeiter/innen - ohne diese generalisieren und gleichermaßen auf alle 81,3% Nichtwähler/innen beziehen zu wollen - lässt mindestens Skepsis in Bezug auf die Politisierungsfähigkeit nach Seithe aufkommen, zumal zu einem solchen Zeitpunkt, d.h. der ersten möglichen Hochschulwahl, alle wahlberechtigten Studierenden im Regelfall seit mindestens einem Semester im Studienbetrieb eingebunden sind. Diese angehenden Sozialarbeiter/innen besuchen also nicht erst seit

[82] Vergleiche amtliche Bekanntmachung des Wahlleiters im Anhang.

einem kurzen Zeitraum Vorlesungen, die nicht nur Methodenwissen vermitteln sollen, sondern eigentlich auch grundlegende gesellschaftliche, sozialstaatliche und professionelle Zusammenhänge thematisieren.

Dies in der Folge dieser Untersuchung quantitativ und/oder qualitativ auszuwerten, also unter Anderem der Frage nachzugehen, welches professionelle Selbstverständnis angehende Sozialarbeiter/innen nach beispielsweise sieben Semestern Studium entwickelt haben und was daraus für Konsequenzen für die Profession und die Praxis gezogen werden könnten, wäre ein meines Erachtens äußerst spannendes und aufschlussreiches Vorhaben, auch im Hinblick auf die Bearbeitung der Fragestellung dieses Buchs. Das gleiche gilt -wie bereits angemerkt - auch im Bezug auf die Spitzenverbände der freien Wohlfahrtspflege in Deutschland und die dort tätigen Sozialarbeiter/innen

Ebenso aus über vierjähriger eigener Erfahrung während des Studiums heraus kann konstatiert werden, dass an der Georg-Simon-Ohm Hochschule kaum kritische Sozialarbeiter/innen ausgebildet werden, sich die hauptsächlichen Inhalte des Studiums größtenteils auf ein kritikloses Bestehen in der Praxis beschränken und die dargestellten Inhalte dieser Untersuchung oft nicht einmal als Randaspekt auftauchen. Von der Einsicht, dass die dargestellte Entwicklung ohne Widerstand zu einer Sozialen Arbeit führen kann, in der der Verweis auf die Grundlagen und gesellschaftlichen Funktionen nur noch zu "einem müden Lächeln" führt, gar nicht zu sprechen.

Inwieweit hier auch das deutsche Schulsystem eine Rolle spielt, in dem wenig Wert auf die Ausbildung kritisch denkender Individuen gelegt wird, kann nur gemutmaßt werden. Es mag vielleicht auch nur schwierig möglich sein, innerhalb der vergleichsweise kurzen Zeit an einer Hochschule, Menschen kritisches Denken näher zu bringen, wenn sie bis zu diesem Zeitpunkt in Einrichtungen verbracht haben, die eine andere Philosophie vertreten. Dennoch ist dies aber notwendig, wie auch dargestellt wurde. In diesem Kontext wäre es äußerst spannend, anhand der Biografie von sich selbst als kritisch bezeichnenden Sozialarbeitern/innen einen möglichen Zusammenhang zu überprüfen bzw. mögliche Gemeinsamkeiten herauszuarbeiten, welche Faktoren kritisches Denken unterstützt haben könnten.

Die fiktive Aussage, dass "Menschenrechte und soziale Gerechtigkeit schon irgendwo Utopie für die Praxis sind" ist selbst jedenfalls keine Utopie mehr: Soziale Arbeit kann sich beispielsweise auch für die schlichte Verwaltung von Asylbewerbern/innen hergeben oder für Maßnahmen im Hartz IV-Bereich, die aus vermeintlich delinquentem Verhalten resultieren und dabei im Sinne der - mehrfach genannten - staatlichen Steuerungsagenturen größere Zusammenhänge einfach ausblenden und ausschließlich unter den gegeben Verhältnissen versuchen, das Beste für die Klienten/innen zu erreichen.

Als Teilaspekt ist dies richtig, wichtig und notwendig, aber eben nicht ausschließlich. Es gibt verschiedene Möglichkeiten des Widerstands, die ebenfalls aufgezeigt wurden, es kommt - wie bereits in der Einleitung erwähnt - letztendlich darauf an, dass sich jede/r Sozialarbeiter/in diese Möglichkeiten auch bewusst macht, denn wie Hollstein (1973) schon vor knapp 30 Jahren feststellte: "Wissenschaftlich unqualifizierte und politisch uniformierte Sozialarbeiter werden weiterhin emotional 'Freudesdienst' und 'Liebesdienst' leisten, anstatt rational die Funktion ihrer Tätigkeit zu bedenken; sie werden auch weiterhin unkritisch an den Sozialstaat und die Chancengleichheit glauben, wenn man sie nur die Rezeption des Grundgesetzes und nicht die Analyse der sozialen Wirklichkeit gelehrt hat" (ebd., S. 22).

Hochschulwahlen 2012

GEORG-SIMON-OHM HOCHSCHULE NÜRNBERG

Wahlbeteiligung (Gremium Fakultätsrat)

Fakultät	Wahlberechtigte	abgegebene Stimmzettel	davon ungültig	Wahlbeteiligung
Allgemeinwissenschaften	92	28	0	30,4%
Angewandte Chemie	387	46	1	11,9%
Architektur	384	39	0	10,2%
Bauingenieurwesen	467	34	0	7,3%
Betriebswirtschaft	2802	147	4	5,2%
Design	456	38	1	8,3%
Elektrotechnik, Feinwerktechnik, Informationstechnik	1378	141	3	10,2%
Informatik	861	147	0	17,1%
Maschinenbau und Versorgungstechnik	1194	78	7	6,5%
Sozialwissenschaften	1284	240	9	18,7%
Verfahrenstechnik	316	55	0	17,4%
Werkstofftechnik	377	94	0	24,9%
GESAMT	**9998**	**1087**	**25**	**10,9%**

Literaturverzeichnis

AKADEMIE FÜR SOZIALARBEIT UND SOZIALPOLITIK E.V. (Hrsg.): *Soziale Gerechtigkeit. Lebensbewältigung in der Konkurrenzgesellschaft.* Bielefeld: KT-Verlag, 1994.

ANHORN, Roland: *Zur Einleitung: Warum sozialer Ausschluss für Theorie und Praxis Sozialer Arbeit zum Thema werden muss.* In: ANHORN, Roland; BETTINGER, Frank; STEHR, Johannes (Hrsg.): *Sozialer Ausschluss und Soziale Arbeit.* Wiesbaden: VS Verlag für Sozialwissenschaften, 2. überarbeitete und erweiterte Auflage, 2008, S. 13 - 50.

ARNOLD, Susanne: *Vertrauen als Konstrukt. Marburg*: Tectum Verlag, 2009.

ASCHENBRENNER-WELLMANN, Beate: *Diversity-Kompetenz - Überlegungen zu einer Schlüsselqualifikation für Theorie und Praxis der Sozialen Arbeit.* In: ASCHENBRENNER-WELLMANN, Beate (Hrsg.): *Mit der Vielfalt leben.* Stuttgart: Verlag und Buchhandlung der Evangelischen Gesellschaft, 1. Auflage, 2009.

BÄCKER, Gerhard: *Die Ökonomisierung des Sozialen.* In: LANGE, Dietrich, FRITZ, Karsten (Hrsg.): *Soziale Fragen - Soziale Antworten.* Neuwied: Luchterhand Verlag, 2002, S. 186 - 190.

BAUM, H.: *Theorien sozialer Gerechtigkeit. Politische Philosophie für soziale Berufe.* Berlin: Lit Verlag, 2004.

BECK, Christian: *Zwischen Revolution und Ökonomie. Über einige Aspekte sozialer Anwaltschaft.* In: LALLINGER, Manfred; RIEGER, Günter (Hrsg.): *Repolitisierung Sozialer Arbeit. Engagiert und professionell.* Stuttgart: Akademie der Diözese Rottenburg-Stuttgart, 2007, S. 109 - 120.

BECKER, Uwe: *Keine Arbeit für alle - was integriert in die Gesellschaft?* In: KNOPP, Reinhold; MÜNCH, Thomas (Hrsg.): *Zurück zur Armutspolizey? Soziale Arbeit zwischen Hilfe und Kontrolle.* Berlin: Frank & Timme, 2007. S. 9 - 32.

BITZAN, Maria: *Geschlecht und sozialer Ausschluss. Vom Ausschluss durch Einschließen.* In: ANHORN, Roland; BETTINGER, Frank; STEHR, Johannes (Hrsg.): *Sozialer Ausschluss und Soziale Arbeit.* Wiesbaden: VS Verlag für Sozialwissenschaften, 2. überarbeitete und erweiterte Auflage, 2008, S. 237 - 256.

BOCK, Karin; THOLE, Werner: *Sozialstaat im Wandel.* In: BOCK, Karin; THOLE, Werner (Hrsg.): *Soziale Arbeit und Sozialpolitik im neuen Jahrtausend.* Wiesbaden: VS Verlag für Sozialwissenschaften, 2004, S. 9 - 22.

BUHR, Petra: *Ausgrenzung, Entgrenzung, Aktivierung: Armut und Armutspolitik in Deutschland.* In: ANHORN, Roland; BETTINGER, Frank; STEHR, Johannes (Hrsg.): *Sozialer Ausschluss und Soziale Arbeit.* Wiesbaden: VS Verlag für Sozialwissenschaften, 2. überarbeitete und erweiterte Auflage, 2008, S. 199 - 218.

BUTTERWEGGE, Christoph: *Krise und Zukunft des Sozialstaates.* Wiesbanden: VS Verlag für Sozialwissenschaften, 3. erweiterte Auflage, 2006.

CHOMSKY, Noam: Provit over People War against People. Neoliberalismus als Globale Weltordnung, Menschenrechte und Schurkenstaaten. München: Piper, 5. Auflage, 2006.

CREMER-SCHÄFER, Helga: *Ein politisches Mandat schreibt man sich zu. Zur Politik (mit) der Sozialen Arbeit.* In: MERTEN, Roland (Hrsg.): *Hat die Soziale Arbeit ein politisches Mandat? Positionen zu einem strittigen Thema.* Opladen: Leske und Budrich, 2001, S. 55 - 70.

DAHME, Hans Jürgen; WOHLFAHRT, Norbert: *Aktivierender Sozialstaat und soziale Gerechtigkeit.* In: HELLWIG, Uwe et al. (Hrsg.): *Sozialraumorientierung - ein ganzheitlicher Ansatz.* Berlin: Eigenverlag des Deutschen Vereins für öffentliche und private Fürsorge e.V., 2007, S. 13 - 23.

Deppe, Frank: *Globalisierung und Ausgrenzung.* In: ANHORN, Roland; BETTINGER, Frank; STEHR, Johannes (Hrsg.): *Sozialer Ausschluss und Soziale Arbeit.* Wiesbaden: VS Verlag für Sozialwissenschaften, 2. überarbeitete und erweiterte Auflage, 2008, S. 51 - 62.

DEWE, Bernd; OTTO, Hans-Uwe: *Profession.* In: OTTO, Hans-Uwe; THIERSCH, Hans (Hrsg.): *Handbuch Sozialarbeit/Sozialpädagogik.* München/Basel. Ernst Reinhardt Verlag, 3. Auflage, 2005, S. 1399 - 1421.

DUTTWEILER, Stefanie: *Beratung als Ort neoliberaler Subjektivierung.* In: ANHORN, Roland; BETTINGER, Frank; STEHR, Johannes (Hrsg.): *Foucaults Machtanalytik und Soziale Arbeit.* Wiesbaden: VS Verlag für Sozialwissenschaften, 2007, S. 261 - 276.

EISENMANN, Peter: *Werte und Normen in der Sozialen Arbeit.* Stuttgart: Kohlhammer, 2006.

ENGEL, Heike: *Sozialpolitische Grundlagen der Sozialen Arbeit.* Stuttgart: Kohlhammer, 2011.

ENGELKE, Ernst: *Soziale Arbeit als Wissenschaft.* Freiburg im Breisgau: Lambertus, 1992.

ENGEMANN, Thomas et al.: *Die Politisierung Sozialer Arbeit aus der Sicht eines Wohlfahrtsverbandes.* In: LALLINGER, Manfred; RIEGER, Günter (Hrsg.): *Repolitisierung Sozialer Arbeit. Engagiert und professionell.* Stuttgart: Akademie der Diözese Rottenburg-Stuttgart, 2007, S. 133 - 148.

ERLACH, Thomas: *Worte verändern die Welt. Die Macht der Sprache in der ökonomisierten sozialen Arbeit.* Neumünster: Paranus Verlag, 2009.

GALUSKE, Michael: *Methoden der Sozialen Arbeit. Eine Einführung.* Weinheim und München: Juventa, 9. ergänzte Auflage, 2011.

GALUSKE, Michael: *Nach dem Ende des sozialpädagogischen Jahrhunderts - Soziale Arbeit zwischen Aktivierung und Ökonomisierung.* In: KNOPP, Reinhold; MÜNCH, Thomas (Hrsg.): *Zurück zur Armutspolizey? Soziale Arbeit zwischen Hilfe und Kontrolle.* Berlin: Frank & Timme, 2007. S. 9 - 32.

GALUSKE, Michael; RIETZKE, Tim: *Aktivierung und Ausgrenzung - Aktivierender Sozialstaat, Hartz-Reformen und die Folgen für Soziale Arbeit und Jugendberufshilfe.* In: ANHORN, Roland; BETTINGER, Frank; STEHR, Johannes (Hrsg.): *Sozialer Ausschluss und Soziale Arbeit.* Wiesbaden: VS Verlag für Sozialwissenschaften, 2. überarbeitete und erweiterte Auflage, 2008, S. 399 - 416.

GEHRMANN, Gerd; MÜLLER, Klaus D.: *Quo Vadis Sozialarbeit? Eine kritische Auseinandersetzung mit Entwicklungen in Praxis und Ausbildung.* Weinheim und Basel: Beltz Verlag, 1981.

GIL, David G.: *Bemerkungen anlässlich der Auszeichnung mit dem Noam Chomsky Award of the Justice Studies Association 2008 (6. Juni 2008).* In: WIDERSPRÜCHE. ZEITSCHRIFT FÜR SOZIALISTISCHE POLITIK IM BILDUNGS-. GESUNDHEITS- UND SOZIALBEREICH. Bielefeld: Kleine Verlag, 2009, Heft 112, S. 73 - 84.

GIL, David G.: *Gegen Ungerechtigkeit und Unterdrückung. Konzepte und Strategien für Sozialarbeiter.* Bielefeld: Kleine Verlag, 2006.

GOETZE, Dieter: *Ethnie und Ethnisierung als Dimension sozialer Ausschließung.* In: ANHORN, Roland; BETTINGER, Frank; STEHR, Johannes (Hrsg.): *Sozialer Ausschluss und Soziale Arbeit.* Wiesbaden: VS Verlag für Sozialwissenschaften, 2. überarbeitete und erweiterte Auflage, 2008, S. 257 - 272.

GROẞMAẞ, Ruth: *Soziale Arbeit - Eine Menschenrechtsprofession*? In: GEIẞLER-PILTZ, Brigitte; RÄBIGER, Jutta (Hrsg.): *Soziale Arbeit grenzenlos.* Opladen: Budrich, 2010, S. 21 - 34.

GRUNDGESETZ DER BUNDESREPUBLIK DEUTSCHLAND (GG); http://www.gesetze-im-internet.de/bundesrecht/gg/gesamt.pdf ,[zuletzt aufgerufen am 21.07.2012).

HABERMAS, Jürgen: *Theorie der Gesellschaft oder Sozialtechnologie? Eine Auseinandersetzung mit Niklas Luhmann.* In: HABERMAS, Jürgen; LUHMANN, Niklas: *Theorie der Gesellschaft oder Sozialtechnologie - was leistet die Systemforschung?* Frankfurt am Main: Suhrkamp, 1971.

HANSES, Andreas: *Professionalisierung in der Sozialen Arbeit - Zwischen Positionierung, Macht und Ermöglichung.* In: ANHORN, Roland; BETTINGER, Frank; STEHR, Johannes (Hrsg.): *Foucaults Machtanalytik und Soziale Arbeit.* Wiesbaden: VS Verlag für Sozialwissenschaften, 2007, S. 309 - 320.

HEITE, Catrin et al.: *Das Elend der Sozialen Arbeit - Die "neue Unterschicht" und die Schwächung des Sozialen.* In: KESSEL, Fabian; REUTLINGER, Christian; ZIEGLER, Holger (Hrsg.): *Erziehung zur Armut? Soziale Arbeit und die "neue Unterschicht".* Wiesbaden: VS Verlag für Sozialwissenschaften, 2007, S. 55 - 81.

HEITE, Catrin: *Soziale Arbeit im Kampf um Anerkennung. Professionstheorethische Perspektiven.* Weinheim und München: Juventa, 2008.

HERKOMMER, Sebastian: *Ausgrenzung und Ungleichheit. Thesen zum neuen Charakter unserer Klassengesellschaft.* In: ANHORN, Roland; BETTINGER, Frank; STEHR, Johannes (Hrsg.): *Sozialer Ausschluss und Soziale Arbeit.* Wiesbaden: VS Verlag für Sozialwissenschaften, 2. überarbeitete und erweiterte Auflage, 2008, S. 63 - 82.

HILLEBRANDT, Frank: *Soziale Ungleichheit oder Exklusion? Zur funktionalistischen Verkennung eines soziologischen Grundproblems.* In: MERTEN, Roland; SCHERR, Albert (Hrsg.): *Inklusion und Exklusion in der Sozialen Arbeit.* Wiesbaden: VS Verlag für Sozialwissenschaften, 2004, S. 119 - 142.

HOLLSTEIN, Walter; MEINOLD, Marianne: *Sozialarbeit unter kapitalistischen Produktionsbedingungen.* Frankfurt a.M.: Ficher Taschenbuch Verlag, 1973.

HOSEMANN, Wilfried; GEILING, Wolfgang: *Einführung in die systemische Soziale Arbeit.* Freiburg im Breisgau: Lambertus, 2005.

KAPPELER, Manfred: *Das ambivalente Verhältnis von Unterstützung und Kontrolle in der Sozialen Arbeit am Beispiel der Kategorien Hilfe und Prävention.* In: KNOPP, Reinhold; MÜNCH, Thomas (Hrsg.): *Zurück zur Armutspolizey? Soziale Arbeit zwischen Hilfe und Kontrolle.* Berlin: Frank & Timme, 2007. S. 77 - 98.

KAPPELER, Manfred: *Den Menschenrechtsdiskurs in der Sozialen Arbeit vom Kopf auf die Füße stellen.* In: WIDERSPRÜCHE. ZEITSCHRIFT FÜR SOZIALISTISCHE POLITIK IM BILDUNGS-. GESUNDHEITS- UND SOZIALBEREICH. Bielefeld: Kleine Verlag, 2008, Heft 107, S. 33 - 46.

KARSTEN, Maria-Eleonora: *Soziale Gerechtigkeit und Lebensbewältigung in der Konkurrenzgesellschaft.* In: AKADEMIE FÜR SOZIALARBEIT UND SOZIALPOLITIK E.V. (Hrsg.): *Soziale Gerechtigkeit. Lebensbewältigung in der Konkurrenzgesellschaft.* Bielefeld: KT-Verlag, 1994, S. 16 - 21.

KELLER, Hella: *Ethik in der Sozialarbeit. Exkurs zu weltanschaulichen Fragen.* Hamburg: Diplomica Verlag, 2009.

KESSEL, Fabian et al.: *Erziehung zur Armut? Soziale Arbeit und die "neue Unterschciht" - eine Einführung.* In: KESSEL, Fabian; REUTLINGER, Christian; ZIEGLER, Holger (Hrsg.): *Erziehung zur Armut? Soziale Arbeit und die "neue Unterschicht".* Wiesbaden: VS Verlag für Sozialwissenschaften, 2007, S. 7 - 17.

KESSL, Fabian; OTTO, Hans-Uwe: *Soziale Arbeit angesichts neo-sozialer Transformationen.* In: THOLE, Werner et al. (Hrsg.): *Soziale Arbeit im öffentlichen Raum. Soziale Gerechtigkeit in der Gestaltung des Sozialen.* Wiesbaden: VS Verlag für Sozialwissenschaften, 2005, S. 55 - 62.

KHELLA, Karam: *Sozialarbeit von unten. Praktische Methoden fortschrittlicher Sozialarbeit und Sozialpädagogik.* Hamburg: Theorie und Praxis Verlag, 1982.

KLASSEN, Michael: *Systemtheorie als wissenschaftlicher Bezugsrahmen für eine Handlungstheorie Sozialer Arbeit.* Marburg: Tectum Verlag, 2001.

KLEVE, Heiko: *Die intime Grenze funktionaler Partizipation. Ein Revisionsvorschlag zum systemtheoretischen Inklusion/Exklusion-Konzept.* In: MERTEN, Roland; SCHERR, Albert (Hrsg.): *Inklusion und Exklusion in der Sozialen Arbeit.* Wiesbaden: VS Verlag für Sozialwissenschaften, 2004, S. 163 - 188.

KLÖNNE, Arno: *Soziale Gerechtigkeit in der Konkurrenzgesellschaft.* In: AKADEMIE FÜR SOZIALARBEIT UND SOZIALPOLITIK E.V. (Hrsg.): *Soziale Gerechtigkeit. Lebensbewältigung in der Konkurrenzgesellschaft.* Bielefeld: KT-Verlag, 1994, S. 21 - 29.

KRECKEL, Reinhard: *Soziale Ungleichheit.* In: OTTO, Hans-Uwe; THIERSCH, Hans (Hrsg.): *Handbuch Sozialarbeit/Sozialpädagogik.* München/Basel. Ernst Reinhardt Verlag, 3. Auflage, 2005, S. 1729 - 1735.

KREFT, Dieter: *Hat Soziale Arbeit ein politisches Mandat? Oder: Was müsste wohl Inhalt eines hippokratischen Eides für die Professionellen der Sozialen Arbeit sein?* In: MERTEN, Roland (Hrsg.): *Hat die Soziale Arbeit ein politisches Mandat? Positionen zu einem strittigen Thema.* Opladen: Leske und Budrich, 2001, 153 - 158.

KRONAUER, Martin: *Ausgrenzung und physisch-sozialer Raum.* In: ANHORN, Roland; BETTINGER, Frank; STEHR, Johannes (Hrsg.): *Sozialer Ausschluss und Soziale Arbeit.* Wiesbaden: VS Verlag für Sozialwissenschaften, 2. überarbeitete und erweiterte Auflage, 2008, S. 181 - 198.

KUNSTREICH, Timm: *Vom Missverständnis eines politischen Mandats Sozialer Arbeit.* In: MERTEN, Roland (Hrsg.): *Hat die Soziale Arbeit ein politisches Mandat? Positionen zu einem strittigen Thema.* Opladen: Leske und Budrich, 2001, S. 121 - 130.

KUNSTREICH, Timm: *Was ist eine Politik des Sozialen?* In: SORG, Richard (Hrsg.): *Soziale Arbeit zwischen Politik und Wissenschaft.* Münster: LIT Verlag, 2003, S. 55 - 74.

KUSCHE, Christoph; KRÜGER Rolf: *Sozialarbeit muss sich endlich zu ihrem politischen Mandat bekennen!* In: MERTEN, Roland (Hrsg.): *Hat die Soziale Arbeit ein politisches Mandat? Positionen zu einem strittigen Thema.* Opladen: Leske und Budrich, 2001, S. 15 - 26.

LANGE D.; THIERSCH Hans: *Die Solidarität des Sozialen Staates - Die Solidarität des reformierten Sozialstaates.* In: BÖLLERT, K. et al.: *Die Produktivität des Sozialen - den sozialen Staat aktivieren.* Wiesbaden: Sechster Bundeskongress Soziale Arbeit, 2006.

LAUTMANN, Rüdiger: *"Gibt es nichts Wichtigeres?" - Sexualität, Ausschluss und Soziale Arbeit.* In: ANHORN, Roland; BETTINGER, Frank; STEHR, Johannes (Hrsg.): *Sozialer Ausschluss und Soziale Arbeit.* Wiesbaden: VS Verlag für Sozialwissenschaften, 2. überarbeitete und erweiterte Auflage, 2008, S. 273 - 290.

LUDWIG-MAYERHOFER, Wolfgang: *Arbeitslosigkeit und sozialer Ausschluss.* In: ANHORN, Roland; BETTINGER, Frank; STEHR, Johannes (Hrsg.): *Sozialer Ausschluss und Soziale Arbeit.* Wiesbaden: VS Verlag für Sozialwissenschaften, 2. überarbeitete und erweiterte Auflage, 2008, S. 219 - 238.

LÜSSI, Peter: *Systemische Sozialarbeit : praktisches Lehrbuch der Sozialberatung.* Stuttgart, Bern, Wien: Haupt, 6. Auflage, 2008.

LUTZ, Ronald (Hrsg.): *Befreiende Sozialarbeit. Skizzen einer Vision.* Oldenburg: Paulo Freire Verlag, 2005.

LUTZ, Ronald: *Das Mandat der Sozialen Arbeit.* Wiesbaden: VS Verlag für Sozialwissenschaften, 2011.

LUTZ, Tilman: *Soziale Arbeit im Kontrolldiskurs. Jugendhilfe und ihre Akteure im postwohlfahrtstaatlichen Gesellschaften.* Wiesbaden: VS Verlag für Sozialwissenschaften, 2010.

MEINHOLD, Marianne; LOB-HÜDEPOHL, Andreas: *Ethik der Organisationsformen Sozialer Arbeit.* In: LOB-HÜDEPOHL, Andreas; LESCH, Walter (Hrsg.): *Ethik Sozialer Arbeit. Ein Handbuch.* Paderborn: Verlag Ferdinand Schöningh, 2007, S. 331 - 346.

MERTEN, Roland: *Autonomie der Sozialen Arbeit. Zur Funktionsbestimmung als Disziplin und Profession.* Weinheim und München: Juventa, 1997.

MERTEN, Roland: *Inklusion/Exklusion und Soziale Arbeit. Überlegungen zur aktuellen Theoriedebatte zwischen Bestimmung und Destruktion.* In: MERTEN, Roland; SCHERR, Albert (Hrsg.): *Inklusion und Exklusion in der Sozialen Arbeit.* Wiesbaden: VS Verlag für Sozialwissenschaften, 2004, S. 99 - 118.

MERTEN, Roland: *Soziale Arbeit: Politikfähigkeit durch Professionalität* In: MERTEN, Roland (Hrsg.): *Hat die Soziale Arbeit ein politisches Mandat? Positionen zu einem strittigen Thema.* Opladen: Leske und Budrich, 2001, S. 159 - 178.

MICHAUK, Elke: *Soziale Ungleichheit - Zur Krise des Sozialen. Soziale Arbeit zwischen staatlicher Entgrenzung und sozialer Gerechtigkeit.* Saarbrücken: VDM Verlag, 2010.

MILLER, Tilly: *Systemtheorie und Soziale Arbeit.* Stuttgart: Ferdinand Enke Verlag, 1999.

MÜHLUM, Albert: *Hat Soziale Arbeit ein politisches Mandat? Ein Rückblick in die Zukunft.* In: LALLINGER, Manfred; RIEGER, Günter (Hrsg.): *Repolitisierung Sozialer Arbeit. Engagiert und professionell.* Stuttgart: Akademie der Diözese Rottenburg-Stuttgart, 2007, S. 15 - 30.

MÜHLUM, Albert: *Jenseits von Fürsorge und Markt - Über ökonomische Sozialarbeit und soziale Ökonomie.* In: WILKEN, Udo (Hrsg.): *Soziale Arbeit zwischen Ethik und Ökonomie.* Freiburg im Breisgau: Lambertus, 2000, S. 99 - 118.

MÜHLUM, Albert: *Zur Notwendigkeit und Programmatik einer Sozialarbeitswissenschaft.* In: Wendt, Wolf-Rainer (Hrsg.): *Sozial und wissenschaftlich arbeiten.* Freiburg: Lambertus, 1994, S. 41 - 47.

MÜHLUM, Albert: *Sozialpädagogik und Sozialarbeit.* Frankfurt am Main: Deutscher Verein für Öffentliche und Private Fürsorge, 1995.

MÜHLUM, Albert: *Strategien jenseits von Fürsorge und Markt.* In: Sozialmagazin, Ausgabe 1/2009, S. 10 - 21.

MÜLLER, Siegfried: *Soziale Arbeit: Ohne politisches Mandat politikfähig.* In: MERTEN, Roland (Hrsg.): *Hat die Soziale Arbeit ein politisches Mandat? Positionen zu einem strittigen Thema.* Opladen: Leske und Budrich, 2001, S. 145 - 152.

MUNSCH, Chantal: *Diversity.* In: BOCK, Karin; MIETHE, Ingrid (Hrsg.): *Handbuch Qualitative Methoden in der Sozialen Arbeit.* Opladen: Verlag Barbara Budrich, 2010.

NOWAK, Jürgen: *Homo Socialis. Politische Theorie Sozialer Arbeit.* Lage: Jacobs Verlag, 2011.

OPIELKA, Michael: *Soziale Arbeit und Sozialpolitik. Neue Anforderungen an Professionalität in einer Bürgergesellschaft.* In: LALLINGER, Manfred; RIEGER, Günter (Hrsg.): *Repolitisierung Sozialer Arbeit. Engagiert und professionell.* Stuttgart: Akademie der Diözese Rottenburg-Stuttgart, 2007, S. 31 - 52.

PUHL, Ria et al.: *Keine Profession ohne Gegenstand. Was ist der Kern Sozialer Arbeit?* In: PUHL, Ria (Hrsg.): *Sozialarbeitswissenschaft. Neue Chancen für theoriegeleitete Soziale Arbeit.* Weinheim und München: Juventa, 1996. S. 167 - 186.

RIEGER, Günter: *Politisierung als professionelle Herausforderung.* In: LALLINGER, Manfred; RIEGER, Günter (Hrsg.): *Repolitisierung Sozialer Arbeit. Engagiert und professionell.* Stuttgart: Akademie der Diözese Rottenburg-Stuttgart, 2007, S. 85 - 108.

ROMMELSPACHER, Birgit: *Soziale Arbeit und Menschenrechte.* In: THOLE, Werner et al. (Hrsg.): *Soziale Arbeit im öffentlichen Raum. Soziale Gerechtigkeit in der Gestaltung des Sozialen.* Wiesbaden: VS Verlag für Sozialwissenschaften, 2005, S. 101 - 112.

ROMMELSPACHER, Birgit: *Zum Umgang mit Differenz und Macht. Sozialarbeit als Menschenrechtsprofession.* In: KLEVE, Heiko et al. (Hrsg.): *Differenz und Soziale Arbeit. Sensibilität im Umgang mit dem Unterschiedlichen.* Praxis-Theorie-Innovation, Berliner Beiträge zur Sozialen Arbeit und Pflege, Band 1. Berlin: Schibri-Verlag, 2003.

SCHERR, Albert: *Kapitalismus oder funktional differenzierte Gesellschaft? Konsequenzen unterschiedlicher Zugänge zum Exklusionsproblem für Sozialpolitik und Soziale Arbeit.* In: ANHORN, Roland; BETTINGER, Frank; STEHR, Johannes (Hrsg.): *Sozialer Ausschluss und Soziale Arbeit.* Wiesbaden: VS Verlag für Sozialwissenschaften, 2. überarbeitete und erweiterte Auflage, 2008, S. 83 - 106.

SCHILLING, Johannes: *Soziale Arbeit. Entwicklungslinien der Sozialpädagogik/Sozialarbeit.* Neuwied: Luchterhand, 1997, S. 335 - 344.

SCHNEIDER, Volker: *Sozialarbeit zwischen Politik und professionellem Auftrag*: Hat sie ein politisches Mandat? In: MERTEN, Roland (Hrsg.): *Hat die Soziale Arbeit ein politisches Mandat? Positionen zu einem strittigen Thema.* Opladen: Leske und Budrich, 2001, S. 27 - 40.

SCHRÖER, Wolfgang: *Soziale Arbeit im Übergang zum digitalen Kapitalismus. Ein Rückblick ins 20. Jahrhundert und eine Aufforderung für die Gegenwart.* In: BOCK, Karin; THOLE, Werner (Hrsg.): *Soziale Arbeit und Sozialpolitik im neuen Jahrtausend.* Wiesbaden: VS Verlag für Sozialwissenschaften, 2004, S. 101 - 114.

SEITHE, Mechthild: *Die problematische Geduld unserer Profession angesichts der aktuellen Lage der Sozialen Arbeit.* In: SEITHE, Mechthild; KÖHN, Beate, UNABHÄNGIGES FORUM KRITISCHE SOZIALE ARBEIT (Hrsg.): Zukunftswerkstatt Soziale Arbeit. Berlin: Rabenstück Verlag, 2012c, S. 21 - 37.

SEITHE, Mechthild: *Schwarzbuch Soziale Arbeit.* Wiesbaden: VS Verlag für Sozialwissenschaften, 2. durchgesehene und erweiterte Auflage, 2012a.

SEITHE, Mechthild; KÖHN, Beate, UNABHÄNGIGES FORUM KRITISCHE SOZIALE ARBEIT (Hrsg.): Zukunftswerkstatt Soziale Arbeit. Berlin: Rabenstück Verlag, 2012b.

SORG, Richard: *Annährung an die Frage, ob Soziale Arbeit ein politisches Mandat hat.* In: MERTEN, Roland (Hrsg.): *Hat die Soziale Arbeit ein politisches Mandat? Positionen zu einem strittigen Thema.* Opladen: Leske und Budrich, 2001, S. 41 - 54.

SORG, Richard: *Überlegungen aus Anlaß der Frage nach einem 'politischen Mandat' Sozialer Arbeit.* In: SORG, Richard (Hrsg.): *Soziale Arbeit zwischen Politik und Wissenschaft.* Münster: LIT Verlag, 2003, S. 75 - 88.

SPATSCHECK, Michael: *Die neoliberale Herausforderung - Fachliche Perspektiven für die Soziale Arbeit.* In: KNOPP, Reinhold; MÜNCH, Thomas (Hrsg.): *Zurück zur Armutspolizey? Soziale Arbeit zwischen Hilfe und Kontrolle.* Berlin: Frank & Timme, 2007. S. 53 - 64.

STARK, Christian: *Politisches Engagement in der Sozialarbeit - Ist die politische Sozialarbeit tot? Plädoyer für eine Re-Politisierung der Sozialarbeit.* In: LALLINGER, Manfred; RIEGER, Günter (Hrsg.): *Repolitisierung Sozialer Arbeit. Engagiert und professionell.* Stuttgart: Akademie der Diözese Rottenburg-Stuttgart, 2007, S. 69 - 84.

STAUB-BERNASCONI, Silvia: *Den Menschen vor dem Würgegriff des Menschen Schützen. Menschenrechte und ihre Relevanz für Mandat, Theorie und Praxis der Sozialen Arbeit.* In: Sozial aktuell, 2009, Heft 41, S. 10 - 14.

STAUB-BERNASCONI, Silvia: *Gerechtigkeit und sozialer Wandel.* In: THOLE, Werner et al. (Hrsg.): *Soziale Arbeit im öffentlichen Raum. Soziale Gerechtigkeit in der Gestaltung des Sozialen.* Wiesbaden: VS Verlag für Sozialwissenschaften, 2005, S. 75 - 88.

STAUB-BERNASCONI, Silvia: *Macht in der Sozialen Arbeit.* In: GEIßLER-PILTZ, Brigitte; RÄBIGER, Jutta (Hrsg.): *Soziale Arbeit grenzenlos.* Opladen: Budrich, 2010, S. 35 - 54.

STAUB-BERNASCONI, Silvia: *Menschenrechte in ihrer Relevanz für die Soziale Arbeit als Theorie und Praxis, oder: Was haben Menschenrechte überhaupt in der Sozialen Arbeit zu suchen?* In: WIDERSPRÜCHE. ZEITSCHRIFT FÜR SOZIALISTISCHE POLITIK IM BILDUNGS-. GESUNDHEITS- UND SOZIALBEREICH. Bielefeld: Kleine Verlag, 2008, Heft 107, S. 9 - 32.

STAUB-BERNASCONI, Silvia: *Soziale Arbeit als (eine) "Menschenrechsprofession"*. In: SORG, Richard (Hrsg.): *Soziale Arbeit zwischen Politik und Wissenschaft.* Münster: LIT Verlag, 2003, S. 17 - 54.

STAUB-BERNASCONI, Silvia: *Soziale Arbeit: Dienstleistung oder Menschenrechtsprofession? Zum Selbstverständnis Sozialer Arbeit in Deutschland mit einem Seitenblick auf die internationale Diskussionslandschaft.* In: LOB-HÜDEPOHL, Andreas; LESCH, Walter (Hrsg.): *Ethik Sozialer Arbeit. Ein Handbuch.* Paderborn: Verlag Ferdinand Schöningh, 2007a, S. 20 - 53.

STAUB-BERNASCONI, Silvia: *Sozialrechte - Restgröße der Menschenrechte?* In: WILKEN, Udo (Hrsg.): *Soziale Arbeit zwischen Ethik und Ökonomie.* Freiburg im Breisgau: Lambertus, 2000, S. 151 - 174.

STAUB-BERNASCONI, Silvia: *Systhemtheorie, soziale Probleme und Soziale Arbeit: lokal, national, international, oder: vom Ende der Bescheidenheit.* Bern/Stuttgart/Wien: Verlag Paul Haupt, 1995.

STAUB-BERNASCONI, Silvia: *Vom beruflichen Doppel- zum professionellen Tripplemandat. Wissenschaft und Menschenrechte als Begründungsbasis der Profession Soziale Arbeit.* In: ZEITSCHRIFT FÜR SOZIALARBEIT IN ÖSTERREICH (SIÖ), 2007b, Ausgabe 02, S. 8 - 17; http://www.avenirsocial.ch/cm_data/Vom_Doppel-_zum_Tripelmandat.pdf [zuletzt aufgerufen am 21.07.2012].

STEHR, Johannes: *Soziale Ausschließung durch Kriminalisierung: Anforderungen an eine kritische Soziale Arbeit.* In: ANHORN, Roland; BETTINGER, Frank; STEHR, Johannes (Hrsg.): *Sozialer Ausschluss und Soziale Arbeit.* Wiesbaden: VS Verlag für Sozialwissenschaften, 2. überarbeitete und erweiterte Auflage, 2008, S. 319 - 334.

SÜNKER, Heinz: *Theoretische Ansätze, gesellschaftspolitische Kontexte und professionelle Perspektiven Sozialer Arbeit.* In: SÜNKER, Heinz (Hrsg.): *Theorie, Politik und Praxis Sozialer Arbeit.* Bielefeld: Kleine Verlag, 1995, S. 72 - 99.

THIERSCH, Hans: *Gerechtigkeit im modernen Sozialstaat - eine Notiz.* In: AKADEMIE FÜR SOZIALARBEIT UND SOZIALPOLITIK E.V. (Hrsg.): *Soziale Gerechtigkeit. Lebensbewältigung in der Konkurrenzgesellschaft.* Bielefeld: KT-Verlag, 1994, S. 47 - 57.

THIERSCH, Hans*: Lebenswelt und Moral. Beiträge zur moralischen Orientierung Sozialer Arbeit.* Weinheim und München: Juventa, 1995.

THIERSCH, Hans: *Lebensweltorientierte Soziale Arbeit.* Weinheim und München: Juventa, 7. Auflage, 2008.

THIERSCH, Hans: *Moral und Soziale Arbeit.* In: OTTO, Hans-Uwe; THIERSCH, Hans (Hrsg.): *Handbuch Sozialarbeit/Sozialpädagogik.* München/Basel. Ernst Reinhardt Verlag, 3. Auflage, 2005, S. 1245 - 1258.

THIERSCH, Hans: *Positionsbestimmungen der Sozialen Arbeit. Gesellschaftspolitik, Theorie und Ausbildung.* Weinheim und München: Juventa, 2002.

THIERSCH, Hans: *Zur Autonomie der Fachlichkeit Sozialer Arbeit.* In: SEITHE, Mechthild; KÖHN, Beate, UNABHÄNGIGES FORUM KRITISCHE SOZIALE ARBEIT (Hrsg.): Zukunftswerkstatt Soziale Arbeit. Berlin: Rabenstück Verlag, 2012, S. 21 - 37.

THOLE, Werner; CLOOS, Peter: *Soziale Ungleichheiten und das Projekt "Soziale Arbeit".* In: THOLE, Werner et al. (Hrsg.): *Soziale Arbeit im öffentlichen Raum. Soziale Gerechtigkeit in der Gestaltung des Sozialen.* Wiesbaden: VS Verlag für Sozialwissenschaften, 2005, S. 37 - 54.

TREPTOW, Rainer: *Kultur und Soziale Arbeit.* Münster: Votum Verlag, 2001.

URBAN, Ulrike: *Professionelles Handeln zwischen Hilfe und Kontrolle.* Weinheim und München: Juventa, 2004, S. 59 -76.

VON SPIEGEL, Hiltrud: *Methodisches Handeln in der Sozialen Ar*beit. München/Basel: Ernst Reinhardt Verlag, 3. durchgesehene Auflage, 2008.

WAGNER, Gert: *Möglichkeiten der "Ökonomisierung" der Sozialen Arbeit.* In: LANGE, Dietrich, FRITZ, Karsten (Hrsg.): *Soziale Fragen - Soziale Antworten.* Neuwied: Luchterhand Verlag, 2002, S. 179 - 185.

Wagner, Thomas: Citizenship, Soziale Arbeit und Soziale Klassen. Von der politischen Produktivität des Bürgers in der Sozialen Arbeit. In: WIDERSPRÜCHE. ZEITSCHRIFT FÜR SOZIALISTISCHE POLITIK IM BILDUNGS-. GESUNDHEITS- UND SOZIALBEREICH. Bielefeld: Kleine Verlag, 2009, Heft 112, S. 23 - 42.

WAGNER, Thomas: *Zur (sozialen) Arbeit an Klassenverhältnissen. Ein Beitrag zur Wiedereinführung von Klassenperspektiven in der Sozialen Arbeit.* In: WIDERSPRÜCHE. ZEITSCHRIFT FÜR SOZIALISTISCHE POLITIK IM BILDUNGS-. GESUNDHEITS- UND SOZIALBEREICH. Bielefeld: Verlag Westfälisches Dampfboot, 31. Jg. 2011, Heft 122, S. 81 - 107.

WEBER, Joachim: *Begeisterung für die Macht als politische Grundhaltung. Ein Gegenentwurf zur deutschen Rezeption von Empowerment.* In: WIDERSPRÜCHE. ZEITSCHRIFT FÜR SOZIALISTISCHE POLITIK IM BILDUNGS-. GESUNDHEITS- UND SOZIALBEREICH. Bielefeld: Kleine Verlag, 2009, Heft 112, S. 7 - 22.

WENDT, Wolf Rainer: *Wirkung und Effizienz sozialer Arbeit.* In: AKADEMIE FÜR SOZIALARBEIT UND SOZIALPOLITIK E.V. (Hrsg.): *Soziale Gerechtigkeit. Lebensbewältigung in der Konkurrenzgesellschaft.* Bielefeld: KT-Verlag, 1994, S. 58 - 66.

WENDT, Wolf Rainer: *Unterstützung fallweise. Case Management in der Sozialarbeit.* Freiburg im Breisgau: Lambertus, 1995.

WILKEN, Udo: *Faszination und Elend der Ökonomisierung des Sozialen.* In: WILKEN, Udo (Hrsg.): *Soziale Arbeit zwischen Ethik und Ökonomie.* Freiburg im Breisgau: Lambertus, 2000, S. 11 - 30.

WOHLFAHRT, Norbert; DAHME, Heinz-Jürgen: *Die Kontrolle der Überflüssigen: Anmerkungen zum Formwandel Sozialer Arbeit im aktivierenden Sozialstaat.* In: WIDERSPRÜCHE. ZEITSCHRIFT FÜR SOZIALISTISCHE POLITIK IM BILDUNGS-. GESUNDHEITS- UND SOZIALBEREICH. Bielefeld: Kleine Verlag, 2009, Heft 113, S. 45 - 62.

ZITZMANN, Christina: *Wie gut sind wir eigentlich?* Schwalbach: Wochenschauverlag, 2011.